勇敢地
為
孩子改變

給台灣家長的一封長信

楊照

我們不需要等教育部長說什麼，不需要等這個政黨、那個政黨提出什麼政策，不需要等下一波的什麼改革方案，當下、現在就改，所需的，只是勇氣，家長的勇氣，說道理的勇氣，堅持道理是非的勇氣。

出版序

一本遲到太久的書

時報出版總編輯　余宜芳

楊照大哥囑我為其新書《勇敢地為孩子改變：給台灣家長的一封長信》寫序，心中惶恐，卻只能遵命。不論是前一本書《別讓孩子繼續錯過生命這堂課》，或此新作，我都算是幕後「推手」（「黑手」更恰當也說不定）。有一天，我滿懷愧疚地向他道歉：「對不起，都是我害你被『罵』的。」其實我知道，身為公共知識份子，他所言所寫皆秉持信念而行，即使社會有不同看法，他絕對承受得起。

去年拿到《別讓孩子繼續錯過生命這堂課》書稿，篇篇擲地有聲，但和主編討論良久，覺得不妨再增加一些「故事」，他曾陸續談到陪女兒李其叡赴德國念書的經驗，正是台灣教育很好的對照組，另外，國內關於德國技職教育和高等教育的討論不少，中小學基礎教育的介紹卻付之闕如，其叡經驗太獨特，「您再寫多一點、更深入一點好嗎？」我們鼓起勇氣開口，他爽快答應，一口氣加寫兩萬多字的「德國經驗」。

書出版後引起很大迴響，銷售很好，卻也有部分讀者誤解、誤讀，「難道對台灣教育失望的人，只剩送孩子出國念書這一條路嗎？」甚至有人酸話攻擊，「你的孩子已經脫離苦海，不再是台灣教育的『人質』，當然可以大說特說風涼話，而我們呢？注定只能在台灣教育繼續受苦！」

我認為很多誤解是受限於篇幅，無法關照到每個角度，「您何不再寫一本書，一次把話說清楚？把我們認為最本質的、最應該做到的，以及最不合理的議題一次說清楚講明白？」同時，我也誠實告之心中小小遺憾：「《別讓孩子繼續錯過生命這堂課》內容很好，但對於改變台灣教育，漏了一大塊，關於改變家長觀念的部分，書中說太少了。」

是的，私下討論時，我們都認為，台灣教育真正的「關鍵痛點」在於家長觀念（或說普遍的社會認知），而非教育制度。台灣的教改之所以「失敗」，再怎麼想方設法去改變考試制度、評分方法、課程綱要，孩子一樣為了爭取好成績天天補習，一樣在斤斤計較分數中斲傷志氣與襟懷，一樣為了荒謬的考試制度學會應付與做假。難道一切責任都要怪教育制度、學校老師和課程嗎？如果家長始終不能體認教育的本質，在於尊重孩子天賦資質與興趣的差異，而非放在同一套標準衡量；如果家長始終順服不合理、不公正的遊戲規則，希望孩子「吃苦當吃補」；如果家長只相信考試排名，只相信考上好學校就代表好未來，這些觀念不改變，我們的教育將永遠只是換湯不換藥，一代一代製造痛苦的學生，製造畢業就討厭讀書、惰於思考的公民。

楊照發起狠來，兩個月內，一篇篇觀點犀利、說理澎湃的文章出現在臉書專頁，有的轉載分享超過數千次，甚至引發媒體報導，這次，討論熱度更高了，簡直像台灣夏天一樣，熱度破表。我不認為楊照是因為我的

「懇求」和「刺激」而一氣呵成，完全不必催稿就快速完成新書草稿。應該說，這些對教育本質的質疑與批判，在他心中不知已翻來覆去思考過多少回，終於在碰到引爆點時，迸一下炸開來，他暢所欲言，火力全開。於是，我們有了這本新書《勇敢地為孩子改變：給台灣家長的一封長信》，一本台灣早就需要的書，在我看來，這本書遲到太久了。

接下來，請容我從家長經驗而非編輯立場，說說為什麼如此渴盼楊照這本新書。我是一個擁有一兒一女的母親，兩個孩子從小到大都念公立學校，唯一的差異是，他們曾在小五與小一被我帶到澳洲去念三年書，又在三年後的國二與小三時隨我回到台北，進入學區中小學就讀。當時，一個是中文只會寫自己名字的天真小男孩，一個是馬上要面對高中聯考的苦悶青春期少女。陪著兩個孩子渡過兩種文化、兩種語言與兩種制度來回適應的痛苦。我想，自己應該有資格呼應楊照新書開宗明義就點出來的：讓孩子出國念書絕對不是容易的逃避之路，相反的，太多痛苦掙扎認同的問題了，要付出事先難以衡量和想像的代價。

永遠記得那一天，小三的兒子放學後，拿回一本國字習字本和數學練習本，睜大眼睛問我：「媽媽，這是一個星期，還是一天的作業？」他聽老師的意思，應該是當天功課，但經驗告訴他：「不可能一天要寫這麼多啊！」過去三年，他在雪梨每週的功課就是一張A4影印紙，一面英文，一面數學。週一發，週五交回，下課後先去踢球或是練跆拳道，但每天要從學校借一本繪本或故事書回家閱讀，週末時間則全是自己的。我摟摟這個快要哭出來的小男孩，想起當年剛到雪梨，他不會說英文，害怕交朋友，整整三個月，每節下課時間一個小男孩跑到校門口大樹下發呆，心中嘆了一口氣：「兵來將擋，水來土掩，沒有過不去的困難。」

姐姐回來上國二，十月了，大家已經分好班，上了一陣子課。老師介紹完「○○○是剛從雪梨回來念書」，接著，馬上是例行小考。那天，她國文課小考六十幾分，數學小考四十幾分，理化更差。考試成績差、沒有朋友，少女天天上學一臉憂鬱。後來幾個同學主動伸出友誼之手，陪伴她上下學聊天適應環境，這對青春期孩子多麼重要！只不過，兩、三個月過後，這些友善的同學卻又疏遠她，因為她們屬於成績不好的族群，發現女兒考試進步快，一下子跑到前段排名，不再將她納入友誼圈。班上原本成績好的學生這下子把她當競爭對手，成績不好的同學又認為非我族類。我非常心痛，我們的教育制度讓成績不好、分數不好的孩子，才十三、四歲，甚至更早就產生自卑感，被環境、甚至是自己貼上「我是不夠聰明、不夠用功的失敗者」標籤。這不是三十年前我們那一代「升學班」、「放牛班」嗎？現在雖然同一班，仍然涇渭分明，楚河漢界。

女兒當然理解功課跟不上的痛苦，初到雪梨她十歲，中文讀完金庸，開始讀紅樓夢，英文相當於小學二年級，必須加強ESL課程，這對敏感自尊心強的孩子，實在也難為，三年過去了，功課完全不是問題，但朋友還是限於有相同移民背景的圈子，「異鄉」「邊緣」的認同痛苦從未消失。

之後兩、三年，我只能鄉愿地「鼓勵」姐弟倆：「別的同學都是這樣熬過來的，我們一定也可以。既然選擇回台灣，我們就要努力，撐過來，你們的適應力一定會很強，到哪裡都能生存。」我說的是真心話，但讀完楊照新書，忍不住反思，為什麼當時我心中只有「離開」、「留下來和別人一樣一起忍耐煎熬」兩種選擇，從來沒有想過第三種答案：站出來，陪伴他們，爭取更合理、更公平、更重視個別差異的教育質地。

兒子畢竟還小，因為我不要求成績分數，不強迫他補習，慢慢按照他自己的節奏跟上了。女兒相較麻煩，高中聯考近在眼前，她想慢慢來也不行，國三時，她拿國文考卷一堆有關駢文對仗的題目問我：「考這些到底有什麼意義？我讀這些、背這些到底有什麼意義？」我無言以對，完全認同這些是浪費生命的「無意義」。台灣的考試扼殺孩子的創意，讓他們在最有活力、最有創造力的青春時光，花在背誦一些無聊、無用的資訊，而非培養對知識的熱忱。

我很想一起開罵，卻怕一開口，她乾脆放棄算了。我或她，承擔得起「拒絕升學考試」的代價嗎？我是太懦弱的家長。我們懦弱，而孩子只好認命。許多事太過荒謬，想忘也忘不了。兒子考大學時，學測題目是

「人間愉快」，顯然寫不好，國文成績大受影響，拿十一級分。哪知到了指考，作文「遠方」得超高分，國文成績整體大成長，高到進入大學後可申請免修國文。同一個十八歲男孩，怎可能四個月之內國文程度從學測十一級分，飛躍到全國百分比排名前五％。我固然拿了余秋雨的書和《古文觀止》選篇讓他臨時抱佛腳，也不可能進步這樣快啊。

實在寫太多、太長，我的這些感慨，任何一個關心孩子教育的家長，絕對可以說出更多的痛苦經驗。楊照曾經半開玩笑，他寫這本書，目的之一是提供渴求改變的家長當做「相罵本」：如果他們對台灣教育充滿疑惑，卻苦於缺乏清晰明確的思考脈絡，這本書或許稍有助益。

我後悔當時沒有更勇敢，而楊照此書，雖然來得太晚，所幸，改變，永不嫌遲。

作者序

改變教育所需的只是家長的勇氣

楊照

我是一個台灣的「家長」，但是多年以來，我一直努力不要用台灣「家長」的身分與習慣，來看待台灣的教育。

做為「家長」，我們的習慣是先問：「怎樣對我們家的孩子最好、最有利？」我身邊有很多朋友，一般「正常」的時候，對於政治、社會有真切的關懷，也有深刻的觀察，抱持著強烈的公理、正義立場，然而一旦變換身分，成了「家長」，他們會立即像變了一個人似的，不由分說地採取純粹自私，只考慮自家孩子分數、名次的態度，不再有什麼公理、正義的判斷，反正對自己孩子好的就是好的。

真的，我的經驗是做為「家長」在這個社會上變成了一個「不正常」的身分，會破壞我們的基本理性以及許多做人的優點——無私、寬厚、冷靜、溫情。這真是件可怕的事，而更可怕的，是整個社會對這樣的「家長」角色與形象，視之為理所當然。

為什麼會這樣？這裡存在著一個「蛋生雞、雞生蛋」的循環系統。因為台灣的教育長期建立在分數、排名的激烈競爭架構下，以至於將這種競爭心態內化了，只要想到教育，家長就反射地進入那種必須為了孩子和別人搶奪的緊張狀態，這個狀態超越了一切，強大到足以拋掉許多其他的文明或公民價值。家長都如此緊張爭奪，我們的教育體系自然也就被不斷地推向更激烈的競爭模式了。

從各種客觀標準看，台灣社會所提供的教育資源絕不貧乏，單純從資源分配上看，不需要搶成這樣。然而不論投入再多資源，在這種競爭模式下，固定、單一標準中的第一名、前幾名，永遠都稀少得很。這根本就不是一般的分配，這是自我折磨地先入為主將競爭搶奪對象限縮的怪異狀態。

我想說的，不過就是：第一，大可不必如此；第二，這樣的環境將包括搶到「最好」位子的孩子都扭曲了。極度重視教育的社會，在教育上明明持續投入，我們所能得到的社會總體發展以及孩子的個別發展，都遠遠不如投入。當前的模式下，教育是台灣最無效無能、最划不來的投資。

各種生命歷程因緣湊泊，使我在一件事上不同於這樣的家長——我關心台灣是個什麼樣的社會、會變成什麼樣的社會，遠甚於自家的孩子能得到第幾名。從這個角度看過去，就看到很不一樣的台灣教育。教育在塑造明天、未來的台灣人，明天、未來的台灣社會。這個社會，是決定我和我的孩子，明天、未來能不能好好活著，能不能活得有尊嚴、自在、幸福、不虞匱乏，最關鍵的力量。一個不好的、扭曲的社會裡，排名第一名和排名最後一名的人，同樣遭殃、痛苦，兩者之間的差距，在鋪天蓋地的集體社會力量擺弄下，相對很小很小。

就算選擇讓孩子離開台灣，到別的社會去生活，同樣不可能真正躲掉遭殃、痛苦。因為那就是「別人的社會」，孩子必須另外掙扎、付出代價去進入「別人的社會」，他仍然要費力氣、花精神擺脫台灣社會加諸在他身上的種種羈絆。

台灣教育有問題、甚至有病，當然不是祕密。然而幾十年來，面對教育，最常見的態度就是指望制度上改變、政策上改變、教法上改變⋯⋯。這些改變的期待，總而言之，就是希望由別人來進行改變、執行改變。幾十年的經驗應該夠給我們一個再清楚不過的教訓了吧？只要我們不刻意蒙起眼睛不自欺，明明看到的是——不改變家長的觀念與態度，制度、政策、教法上再怎麼改，最終都會敵不過那股畸形的自私競爭性。

勇於為自家孩子搶奪資源的家長們，陷入在競爭的執迷中，其實長期以來成了創造一個讓孩子無法活得有尊嚴、自在、幸福、不虞匱乏的社會最大的負面因素。不斷向政府、學校、老師、甚至別人的孩子要這個，要那個，台灣的家長卻不願、也不敢誠實地為了孩子而將手指指向自己，反省地問：「我該為了孩子改變嗎？」

這是最困難的，也最需要勇氣的。當牽涉到自己時，還能願意相信道理，訴諸理性討論，接受從社會集體角度所呈現的事實。但換一個角度看，這也是最容易的。牽涉到自己，只要能夠平心靜氣地思考道理，那也就立即能進行改變，改變自己的觀念，因觀念而改變自己的行為，然後頂多就和我一樣，進一步多做一件事：堅持一個合理、講理的立場，不再那麼輕易接受這社會上流傳的許多不問是非，或似是而非的教育做法，花一點時間和繼續堅持以競爭做法在阻礙台灣教育的老師或家長討論、辯論，逼他們不能一直這樣留在黑暗，且帶來黑暗的習慣裡。

不需要等教育部長說什麼，不需要等這個政黨、那個政黨提出什麼政策，不需要等下一波的什麼改革方案，當下、現在就改，所需的，只是勇氣，家長的勇氣，說道理的勇氣，堅持道理是非的勇氣。

會有這樣一本書，主要來自時報出版余宜芳和黃安妮的刺激、鼓勵，在前一本《別讓孩子繼續錯過生命這堂課》問世之後，她們從編輯、讀者，更重要地，從同樣關心台灣社會與台灣教育的角度，敏銳看出了那本書的不足之處。她們讓我理解了需要有另外一本焦點更清楚的書，做為「別」書的補充，同時也等於是「別」書的行動方案提綱。

感謝宜芳寫了序，那是一封情真意切的短信，替我鋪陳了書中重點，也提供了從《別讓孩子繼續錯過生命這堂課》和《勇敢地為孩子改變》兩本書之間的連結。感謝安妮同樣負責、專業的編輯處理。感謝我家中不斷參與我教育思考的成員。當然，還是最感謝願意讀這兩本書，願意一起思考台灣教育問題的讀者們，有你們，我會比較安心地期待明天、未來的台灣社會。

目錄

勇敢地
為
孩子改變

給台灣家長的一封長信

改變台灣教育得有狗吠火車的愚勇

前面一本書《別讓孩子繼續錯過生命這堂課》出版時，時報出版找了詹宏志來參加新書分享會，讓我和宏志同台談台灣的教育。這樣的場合，勾起我的回憶和感慨。

回憶起有一度，詹宏志是我的直屬頂頭上司，至少在名義上。二〇〇〇年，我接任《新新聞周刊》總編輯，那時，《新新聞》正和PC Home合作，大張旗鼓辦網路原生報《明日報》，兩家公司進行了組織上的整合，於是在《新新聞》的版權頁上，出現了奇特的、空前絕後的安排，我們有一個「社長」，是王健壯，另外還有一個「執行社長」，就是詹宏志。

那段日子裡，我們常常開玩笑，只有《新新聞》有兩個社長，一個是「執行的不執行社長」王健壯，另一個是「不執行的執行社長」詹宏志。會有這種繞口令式的玩笑，因為雖然掛名為「執行社長」，詹宏志幾乎從來不曾出現在《新新聞》的任何會議上；相反地，雖然頭銜上沒有「執行」二字，王健壯還是掌管了《新新聞》絕大部分的社務。

那一年三月，有《新新聞》十三週年的社慶。十三週年，還真不是個好數字，誰會要費力氣慶祝呢？但為了替《明日報》造勢，《新新聞》還是在社慶中規劃了一連串的熱鬧活動。有一系列在誠品敦南店地下二樓視聽室辦的講座，其中一場，應該是為了省事又省經費吧，就找了宏志和我對談，談的題目，是當時最紅的「數位經濟」，或「新經濟」。規劃得很好，宏志從實務面談「新經濟」，他既是趨勢專家，又是「新經濟」最早的投身實踐者，當然沒問題。那麼給我的任務，相對就是從歷史與理論的層面來談「新經濟」。

那天我應該談得很「成功」吧！當我把準備好要談的內容努力講完

後，宏志接過麥克風，開口第一句話就是：「坦白說，剛剛楊照講的，我一句都聽不懂。」唉，講「理論」，不就是要講得讓人聽不懂嗎？

這當然是件糗事。因為有這麼一件陳年糗事，所以之後再有任何和宏志同台說話的場合，我不管說好說壞，一定得做到一件事——說大白話，不說任何會讓他和其他人聽不懂的話。

用大白話說，沒有任何門面裝飾，我要說：「出版《別讓孩子繼續錯過生命這堂課》，在我心中，是百分之百的『狗吠火車』。」要有兩項條件才構成「狗吠火車」式的行為，第一，如果狗吠了，火車就真的停下來，那就不叫「狗吠火車」。第二，如果狗知道不管怎麼吠，火車都不會停下來，所以就省力不吠了，那也不會有「狗吠火車」。

我強烈地認為台灣教育需要全面的改變，但是，對於台灣教育能夠全面改變，我卻又是徹底悲觀的。我心中清楚明白使得台灣教育改不了、變不了的所有環環相扣的因素。如果要我寫一本《為什麼台灣教育改變不了？》，一定會比這本書寫得更快、更流暢，內容更豐富。

觀念會扭曲制度，「教改」最先要改的是家長心態

之所以會在出版了一本談台灣教育的專書之後，又持續不懈寫下更多相關內容的文字，因為我清楚感覺到將這些想法寫下來的動能，日日在我心中衰退，如果不趕緊寫，過了這段時間，我大概就不會再寫了。

《別讓孩子繼續錯過生命這堂課》的新書分享會上，主持人、時報出版總編輯余宜芳，問了一個我最怕的問題：「為什麼台灣教育改不了？」怕，不是因為我沒有答案，剛好相反，因為這麼多年累積的經驗與思考，給了我罄竹難書，講不完的答案。我開玩笑地回答：「這問題的答案可以

再寫一本書，而且很快就可以寫完。」

其中一個答案是：改革需要時間、需要堅持，但沒有什麼人能保有持續的教育改革動機。最迫切希望改革的，往往是有孩子正在上學的家長，這種人對當下的教育有最深刻的體會與認識，但不幸地，他們卻也是最沒條件提倡改革、推動改革的人。很簡單啊！孩子在這個體制裡，幾乎就像是人質一樣，即便是自己很勇敢、很有理想性格的人，你能冒著讓孩子受害的危險，去衝撞教育體制？

那就等孩子離開教育體制再衝吧。有可能嗎？一來，孩子離開了，你就不會再感同身受這套教育的荒謬，很難維持那樣的臨場感；二來，你心中難免有理直氣壯不起來之處，畢竟孩子在體制裡時，你做了那麼多年的「共犯」，你也被迫牽連成為這體制的一部分了。

於是現實上，有感受、有資格厭惡這套體制的人，不能發聲、更不能衝撞；等到沒有直接利害關係，人質獲救出來了，原本很有感受的人，也就失去了持續關心教育的動機，自然一併消失了要求教育改革的動能。

這段時期，我處於一種特殊的狀態下。我自己的孩子提早離開了這個體制，轉到德國求學，兩年來，我每年有將近一百天的時間在德國，重溫本來差不多忘光了的德文，並接觸、觀察、思考我原本徹底陌生的德國教育現場。我將之視為女兒給予我的生命機會，原本不存在於我人生計畫中的機會。是的，台灣教育體系裡沒有我們家的人質了，但女兒還繼續在受教育，所以我生活中還有夠多的教育議題刺激。

我覺得有責任把握這難得的機會，想清楚，並表達清楚一些事。但我心中又很明白，想清楚、表達清楚相對容易，但要維持力氣繼續思考、繼續表達，不生出「我幹嘛啊」「不如去做些更有意思的事吧」的念頭，比較不容易。

所以要搶在這些念頭使我不願再想、再表達之前，盡量不受干擾，也就是不理會其他人反應地多寫一點。或許可以因為這樣，撼動這個社會上一些恐怖、僵化的教育觀念。

二十多年前剛回台灣時，「教改」運動正在起飛，許多推動「教改」

的人都是相識的朋友。我一度也熱衷參與討論，但很快就退出實際的行動。最大的原因是我對台灣社會的看法，遠比他們悲觀的多，沒有辦法真心地擁抱他們的計畫。

他們相信可以用制度來改變觀念，所以將注意力都放在如何設計制度上。我不相信，我相信觀念會扭曲制度。根本的辯論、根本的差異在，我認為如果不能勇敢地嘗試改變社會觀念，尤其是家長的觀念，什麼樣的制度都不可能達到原本期待的結果。他們不覺得要挑戰家長根深柢固的排名、競爭心態，我卻認為要有改革的效果，非得從這裡開始不可。

二十多年後，「教改」在這個社會上竟然成為罵人的髒字眼，教育上出任何問題，很多人理直氣壯就賴給「教改」，痛罵當年主張「教改」、推動「教改」的人。能不能讓我們先弄明白一件事：「教改」的錯錯在哪裡？究竟是錯在「改了」，還是錯在「改不了」？如果是前者，意思是這些人的計畫錯了，他們成功地推動、實踐了他們的計畫，我們今天教育的問題，是在承受他們的錯誤。如果是後者，意思卻是這些人根本無力真正實現「教改」，今天的教育不是他們當時設計改革時所要的，他們的錯，錯在失敗，沒有確切完成改革。

容我誠實說，我看到的，明明就是後者！「教改」的錯，不是改錯了，而是根本改不了。二十多年下來，表面上制度改了很多，但骨子裡以考試為主、排名競爭、不問教育目的、不尊重個別差異的性質，沒有改變。這哪是當年「教改」要追求的教育？我們可以指責「教改」沒有改，卻沒有道理罵這是「教改」改壞的。

弄清楚這件事再重要不過。第一，台灣教育的困境，不是因為「改」，而是「沒有改」。改皮毛，沒改內在，製造了表裡不一的虛偽，同時弄成了目的與手段脫節的四不像。所以要解決教育問題，絕對不是像有些人高喊的「不要改」、「不能再改」，視「改」為畏途；而是要真正改，勇敢地主張不只改外表，還要改內在。

第二，所以也不要習慣地、方便地把責任都推給「教改」。使得「教改」失敗、推不動的人是誰？二十多年前我這樣認定，二十多年後我還是這樣認定——只知道考試、排名，只懂得標準答案，卻完全不懂什麼是個性、什麼是差異、什麼是自我的那些社會成員們。「教改」要改的，不是老師、不是學生，最主要的對象應該就是這些人，不改他們、不敢改他們，是「教改」失敗的首要理由。

「說一套、做一套」的教育無法教出正直、誠實的孩子

我的女兒李其叡，提早離開了台灣的教育現場，甚至沒有念完國中，十四歲、不滿十五歲就去了德國。透過她，我一直意識到「提早」這件事。走的那一年，她所有的同學正升上國三，無從選擇地當了「十二年國教」的第一年試驗品，是試驗品，也是犧牲品，就算離開了，李其叡身上仍然無法不帶著這個身分所留下來的傷痕。

她忘不掉升上國二時的詭異氣氛。大家都在討論「十二年國教」，討論「十二年國教」時，每個人都一定會提到「免試升學」，可是在學校

裡，從校長到老師到家長，從早上到放學，瀰漫在空氣中的，明明就都是「考試」。

或許是受到我的長期感染吧，這個女兒在一件事情上最像我——極度厭惡虛偽，對於表裡不一，說一套、做一套的人與事，格外沒有耐心。然而，那一整年，幾乎每一分、每一秒，她都被迫處於集體的虛偽狀態中。她從小是個喜歡上學的人，家中沒有別的孩子可以和她作伴，上學讓她可以交朋友，她重視朋友、在乎朋友。但那一段日子裡，從學校回來，她經常帶著激憤的情緒。使她憤怒的，不是同學、朋友，是她看到的大人毫不掩飾的虛偽。

「你們怎麼能一邊說人人有高中念，說『十二年國教』是『免試升學』，一邊卻一直逼我們花更多時間準備考試？為什麼『十二年國教』的重點不是告訴我們高中教什麼、學什麼，而是如何考試？」面對她怒氣沖沖的質疑，坦白說，我完全無力，無力回答、無力解釋，我能做的只是半開玩笑地提醒：「別說『你們』，和我無關，是『他們』！」

但我真的有辦法撇清，和「他們」徹底劃清界線嗎？她口中的「你們」，我知道，指的是這個社會的大人們，「你們」怎麼能做得出這種明明不合理，明明違背原則的事情？我深深心疼，一個十三、四歲的孩子，如此對大人失去了信心。我該跟她說：「這世界本來就這樣，一個人說的和他做的本來就常常互相違背的」嗎？我該讓她那麼早就變得如此世故，那麼早就不相信「正直」、「誠實」、「忠於原則」這一類的人間美德嗎？

我在《別讓孩子繼續錯過生命這堂課》中回顧、簡述了女兒到德國考學校、決定出國的經過，不過一直到今天，我依然不是那麼確定，促使她違背原本在心中對朋友要一起畢業的承諾，國二暑假就出國的因素中，究竟是「逃避考試」的成分大些，還是「厭惡虛偽」的成分大些？

她不是個沒經歷過考試的孩子，剛好相反，從小念音樂班的關係，她考試的經驗比同年齡的人，豐富太多了！她自己曾經屈指比較過，一個跟她同年齡的人，例如像是和她一起混大的張容（張大春的兒子），生平第一次入學大考，就是考高中。而在張容考高中之前，其叡已經考過小一光仁音樂班入學考試、小三台北市公立小學音樂班聯招、國中台北市音樂班聯招、科隆音樂院入學考、漢諾威音樂院入學考、柏林音樂院入學考、慕尼黑音樂院入學考。

她知道入學考試是怎麼回事，尤其是再熟悉不過台灣的入學考試是怎麼回事。她考很多次了，而且她還有德國考試的經驗做為對照。

她太了解在台灣是怎麼考試的。音樂班術科考試，永遠千篇一律是抽籤抽出的大小調音階、琶音、終止式，加上一首簡短的指定曲，再加上一首自選曲。自選曲完全沒有範圍，從巴洛克到古典到浪漫到現代，什麼都可以選。看起來那麼寬廣的自由，但多麼神奇啊，最後大家「自選」選到的曲子，卻會有很多重複，甚至有的曲子同一個班，就有三、五個人選。

那不叫做「有志一同」、「英雄所見略同」，而是考試與評分方式所決定的。不管選的是什麼樣的曲子，考試中永遠只聽頂多三分鐘，更可能是兩分鐘或兩分半鐘。一定要有能夠顯現技巧難度的，才有可能得到較高分。於是很簡單，所有的行板、慢板、緩板樂曲就都先排除在外了。一個音樂班的學生，從小學念到高中畢業，沒有練過任何慢板樂章，非但不是不可思議，甚至是普遍存在的現象。手上從來沒碰過慢板樂章，這樣的孩子要他們怎麼能對奏鳴曲形式有深入的了解呢？

再來，整首曲子在演奏技巧上不夠難的，也都不在選擇之列。不只如此，技巧難度高的段落出現在樂曲較中後段的，也不能選。最理想的曲子是快板，而且從一開頭就能顯現技巧難度的。原本廣大的樂曲範圍，一下子就縮到很小、很小了！

像這種入學考、大考最可怕的地方在於，因為太重要了，必須專心準備，不能分心去做其他事。對音樂班考術科的孩子來說更可怕，不只不能做別的事，甚至不能做別種準備。讓李其叡極度沮喪的，是國三一年她又要再度面對那樣的掙扎——要像其他「正常」的同學那樣練琴嗎？國三「正常」的練琴方式，就是選定一首比自己既有程度難一些的曲子，一整年只練那首曲子，而且甚至不是練好整首曲子，而是只練前面的段落，頂多到五分鐘左右的地方。用這種方法，讓那五分鐘的音樂盡可能完美，來爭取高分。

一整年困在那五分鐘的音樂裡！那是多麼可怕的侷限！痛苦的還不只如此，李其叡的老師、李其叡自己，都不認同這樣的考試與準備方式，老師會給她新的曲目，陪她練不一樣的曲子，她自己會想要不斷地擴充音樂上的能力與理解，然而學校的環境，卻會一直將她拉回來，讓她意識到自己不是個「正常」的學生。

啊，神奇的考試制度使得一個想要努力學好音樂的孩子，在學校裡卻成了「不正常」的怪人？對李其叡來說，還有另外一份煎熬，她希望自己能看得開，但哪有那麼容易——用這種方式考試，根本考不出真正的程度，很多從來沒那麼認真、那麼好的學生，靠著拚命練五分鐘音樂就能得到高分。相對地，繼續練習整首樂曲的學生，卻很可能因而在分數上被懲罰。

她小學考國中時就確切發生過這樣的事。大考前最後一次模擬考，找來的幾位老師打出讓班上都跌破眼鏡的成績。原本被認為程度好的，尤其是因為程度好而選了比較特別曲目的孩子，都拿到了不好的分數；相對地，一心一意就只練三分鐘、五分鐘音樂的孩子，得到了較高的分數。

那對李其叡真是個震撼。一來發現如果大考得到這樣的成績，她恐怕就考不上師大附中了。二來發現考試的結果，真的可能和平常的演奏能力有很大、很大的差距，考試真的不是用來檢驗能力和程度的。

她痛恨自己這樣計較和別人的分數高下，但她卻又實實在在對這樣的分數感到不平，對這樣的考試感到虛偽不合理，她騙不了自己。

術科如此，所謂的「小三科」也沒好到哪裡去。算她倒楣，平常難免受到老師和爸爸的影響，她很清楚那樣的考試內容，和學好音樂所需的知識，有多大的差距。她小學四年級學的「相通拍」就已經超過她老師一輩子曾經演奏的曲子範圍，也超過我一輩子讀過的所有樂譜範圍了。換句話說，那是根本和孩子演奏、聆聽、理解徹底脫節的東西，但他們不能不學，因為考試可能會考。配合考試而學，不是為了理解音樂而學，那樣的東西變成自己獨立，純粹為了考試而存在的。學會了、得了高分，完全無助於一個孩子在演奏、聆聽、理解音樂上變得更好。但這樣的現象在台灣教育制度中無所不在，見怪不怪。

我想與其說她不願再經歷一次大考，毋寧比較是她不願再經歷一次和準備考試有關的質疑、掙扎。她怕了，不願再讓自己每天那麼痛苦，每天那麼憤怒，每天要花那麼多力氣假裝看不到、感受不到這一切的不合理。

她不是被考試逼離開台灣的，更準確地說，她是被台灣教育明顯的、公然的不合理，明顯的、公然的虛偽說謊給逼走的。

看不見的代價才是問題的所在

《別讓孩子繼續錯過生命這堂課》出版之後，我去上了廣播節目「文茜的異想世界」，不過遇到的不是陳文茜，而是替文茜代班主持的另一位老友——盛治仁。治仁很用心地讀完了我的書（因為他也是個有孩子在念中小學的家長，具備動機關心台灣的教育），寫了好幾頁的筆記。因為用心讀過，所以他提的是很明確的意見——他基本上都同意我在書中對台灣教育「缺與盲」的批判，但他不同意我提出來的解決方案。

其實我書裡並沒有真正明確地談解決方案，但盛治仁他認為我主張的是讓孩子越過教育體制去追尋自我、發展自我，他對這樣的方式有疑慮。

他以自己做為一個家長的身分，提了他的辦法。他讓孩子知道台灣這樣的教育是有問題的，但同時要求他們還是應該要具備應付考試的能力，孩子不需要認同考試，但可以將考試視為試煉，學習如何通過試煉，得到人格與能力上的成長。

短暫的節目錄音過程中，無法好好討論這樣一個話題。我承認老友的立場有其道理，我也知道這樣的立場在台灣有相當的代表性，甚至我自己也曾經採取過這樣的立場來和女兒溝通——人生不可能盡如人意，活在你不喜歡、不認同的環境裡，毋寧是人生的常態，那麼就從小開始，培養與這種不如意環境相處的能力，就算不認同考試，也要學會如何克服考試；甚至正因為不認同考試，更要克服考試，別讓考試打敗你、壓垮你。

然而，我的書關心的，真的不是這個層次的問題，而是從社會制度的角度，對這種立場產生的兩個疑問：第一，我們為什麼要設計出一種教育制度，不是從正面讓孩子學習、成長，而是從負面讓他忍耐，像打仗一樣，才獲得人格與能力的成長？這樣的教育制度對嗎？我們又怎麼會弄出這樣的教育制度來呢？

還有第二個更關鍵的問題：讓孩子在教育過程中，長期壓抑、忍耐、應付考試，就算因為這樣得到了人格與能力的成長，他們究竟付出了什麼樣的代價換來這樣的成長？划得來嗎？

這問題牽涉到一個複雜的觀念，那就是「機會成本」。在管理學中，「機會成本」極度重要，也極度困難，是高階管理者的必要修練。我們很容易看到眼前現實所得所失，卻沒那麼容易想像，如果不是這樣的現實，會有怎樣的所得所失。一個出版社的總經理，看到一個編輯花了兩天時間校對完一本書，他很容易算得出來這中間的人力成本，也就很容易接受這個現實。但如果有「機會成本」的概念，他應該要多想、多估量的是，如果將這樣的校對工作外包，讓編輯空出本來花在校對上的兩天，這個編輯可以拿這兩天時間去做什麼別的事，可能因此創造出更高的產值來嗎？換句話說，他要思考、要衡量：一個編輯花兩天時間校書稿，因而喪失了什麼樣其他的「機會」，喪失了的「機會產值」與現實校對的產值相比，就是「機會成本」。

有著「機會成本」觀念在心中，我忍不住想問，想請大家一起來問問：如果我們的孩子，不用將精神、時間耗費在應付這些考試的話，他們的精神、時間可以換來做什麼、學什麼？他們喪失了怎樣的機會能夠學得更多、成長得更豐富嗎？

考試占據、奪走的是生命成長的機會

「機會成本」很難算。因為「機會」不是現實，是想像的。但因為難得的機緣，使我能夠藉由自己女兒的經驗，稍微趨近些去衡量台灣教育付出的「機會成本」。

我的女兒念完了國中二年級後，離開了台灣，轉去德國求學。在她離台赴德之前，《天下雜誌》拍了一部紀錄片，叫做「想飛的十五歲少年」，找了好幾位當時國二要升國三的孩子，看他們用什麼方式面對「十二年國教」，看「十二年國教」如何影響他們的學習與生活。

紀錄片的製作人黃兆徽，是我以前在《新新聞》的老同事，在她熱情、懇切的邀約之下，女兒李其叡同意讓自己成為他們記錄的其中一位「十五歲少年」。紀錄片中，她出現的最後一個鏡頭，是在桃園機場航空公司櫃檯前拍的。那是她離開台灣到德國的那一天，她真正「飛」了，飛離台灣，飛離台灣的教育體系。

也就開始了她人生中最忙碌的一年。到了德國，她先去比克堡（Bucker-burg）參加一週的大師班，又到義大利的波西塔諾（Positano）參加另一個為時十天的大師班。同時進入語言學校密集加強德文能力。一個半月後，她進了德國的中學，成為中學九年級的學生，用她才學了不到一年的德語上課，不只要用德語過中學生活，還要用德語學物理、學數學、學生物、學化學……，甚至用德語學英語和俄語！

她同時還是漢諾威音樂院特殊先修班的正式學生，持續她的鋼琴音樂練習與演出。那年十二月，聖誕節假期間，她受邀和台北愛樂管弦樂團一起到大陸廣東巡演三場新年音樂會，演出了貝多芬第三號及莫札特第二十一號鋼琴協奏曲。回到德國，她接著又去了英國新堡（New Castle）參加YPN鋼琴大賽，得到了首獎。然後又接到大陸「武漢愛樂」的邀約，在三月再次到武漢演出，彈的是葛利格的鋼琴協奏曲。從武漢回德國，又有「全德青年音樂大賽」等著她，這比賽一共分三輪，一層一層分三次比，先是漢諾威市，然後是下薩克森邦，最後才是全德聯邦賽。她一輪輪比過去，每一輪都拿到了滿分第一名。還沒完，那年的六月，她又飛回台灣，在台北國家音樂廳和「台北愛樂」協奏演出舒曼的鋼琴協奏曲。

如此奔波演出、比賽的同時，她仍然要在中學裡上課、考試。到七月學年結束前，中學裡班上的學生，好幾個人不約而同跟她表示了他們的敬意。他們佩服她的勇氣，竟然敢那麼遠跑到如此陌生的地方，忍耐所有的困難，最終還能完成那麼多事。

做為一個父親，我當然替女兒感到驕傲。但羅列她那一年中所完成的這些事，重點是：在過程中，我沒辦法不反覆比對想著，那如果她沒有離開台灣呢？同樣是她這個人，同樣是這一年，她留在台灣會怎麼樣？

這差別太明顯了。如果留在台灣，所有這些事大概通通都不會發生。坦承自問，如果她留在台灣，武漢愛樂來邀她去演出，我都沒有把握自己會建議她應該接受。武漢愛樂的邀約，是她為自己光榮贏來的。再前一年，她第一次去武漢演出，和樂團協奏柴可夫斯基第一號鋼琴協奏曲，當年樂團團員回顧投票，將她選為希望能再合作的獨奏家，但這份光榮邀約，在台灣的環境中，敵得過考試的壓力嗎？

「會考」五月就要考了，花時間練新曲子，三月跑去武漢演出？可以嗎？我能想見，周遭所有的人，學校、老師、同學都會用什麼眼光看待這件事，而且我說了，連我都沒有把握我自己會站在什麼立場——考試，還是演出？

悲哀的事實，在考試的威力下，連這樣的光榮邀約，相對都沒有份量。那麼一切也就很明白了：要是她沒有離開台灣，那麼這一年，她的人生只會剩下——考試、考試、考試，其他都不可能發生。

一邊是考試、考試、考試，除了考試沒有別的；一邊是她去了德國之後發生所有的事、所有的經驗、所有的挑戰、所有的成長。這兩者之間相減，明明白白就是「機會成本」，就是考試占走、奪走的生命成長機會。不伺候、不應付台灣的考試教育，她的人生確確實實就增加了那麼多！

弄清各階段的教育目的，才可能用對教育方法

我在《別讓孩子繼續錯過生命這堂課》中說了一點我對德國教育的體會與理解，但第一，我絕對不是要主張將台灣的教育改成德國式的教育；第二，我也不認為德國教育就是最好的，更不可能認為德國教育是完美的。

但在一件事上，德國教育是台灣教育最佳、最清楚的對照。德國人建立了一套「合理的」教育制度，意思是：對於教育，他們腦袋裡明明白白，從前提到結論，從手段到目的，為什麼這樣而不那樣，都是有理由的。這點和台灣徹底相反，對應出台灣最奇怪的現象，我們不希望孩子去問：為什麼這樣規定、這樣教、這樣考試；更慘的，我們的教育工作者、

我們的家長也都不要問這些根本的問題。反正現實是這樣，就這樣，不用管合理或不合理。

我女兒在德國受了兩年多的教育，基本上沒有付過一毛學費。不是因為她特別優秀拿了「全額獎學金」，而是所有能夠進得了德國公立學校的孩子，學費都是德國政府出的。就連外國人？是的，就連外國人，在德國，我女兒是不折不扣的「外國人」。

怎麼這麼好？換從德國人的角度看，難道德國人不會抗議、不會反對嗎？為什麼拿我們納稅人的錢去資助外國人，外國人想到德國來念書，不是應該收更高的費用才對嗎？

拿這個問題去問德國人，你會得到一致且清楚的答案。這樣的設計來自於「受教權」的概念，在德國，教育絕對不是買賣的商品，「受教」是孩子的基本人權，不應該受到家庭環境好壞影響，因此每個孩子都一樣，由政府提供基本的公立學校學費。基本人權有很多種，於是在德國人的合理邏輯頭腦中，一定要有明確的先後順序，而德國人決定的合理順序排列，「受教權」非常重要，其重要性甚至高於「公民權」。換句話說，不能以「公民權」來限縮「受教權」，即使是「非公民」，在這個社會中都應該同樣享有「受教權」。德國人在意的是，如果可以用「公民權」來限縮「受教權」，那麼就又會牽涉到「公民」資格的區分，有納稅的和沒納稅的，因犯罪而被褫奪公權的……，此門一開，就有可能使得窮家庭孩子或罪犯的兒女在「受教權」一事上遭到不平等待遇。

於是我女兒，和許多一起在音樂院裡受教的非德國學生，就成了這套教育理念下的獲益者。我們可以同意或不同意德國人的看法，但不會弄不懂他們怎麼設計出這種辦法來。還有，對或不對，好或不好，一定有可以理性討論的基礎。

又例如說，德國的小學只有四年，從五年級開始就是中學。好怪啊！為什麼他們小學「只念」四年？等等，有人知道、有人能解釋為什麼我們的小學念六年，而不是四年或八年嗎？有人還記得「九年一貫」，還能講清楚為什麼要把小學六年和國中三年形式上接在一起變成「九年一貫」嗎？

德國人可是明明白白為什麼小學念四年。對德國人來說，小學的教育目標和中學截然不同。小學主要的目的是讓孩子「社會化」，學習如何內化規矩、紀律，更重要的，如何具備可以在社會中，過集體生活所需的自覺。小學教育要讓孩子學會別當壞蛋、別當混蛋，不要傷害別人，懂得承擔自我責任。相對地，知識或技能的追求，在小學沒有那麼重要，那是中學裡要教、要學的。目的不一樣，小學的教法和中學也就不一樣，而且很不一樣。

小學的教法，強調的是集體、是秩序，因而必然對孩子的自我有一定程度的壓抑。所以小學的年限不能太長，到十歲，孩子就該離開這種環境，換到中學去。中學相反地，是開發自我，要讓他們學會如何建立自我，如何培養自我學習、自我完成的能力。十歲了，孩子的自我開始躍動，不能再把他們留在小學的環境裡。但如果沒有這樣四年的基礎，又如何讓孩子建立集體社會生活所需的節制呢？

這樣看來，奇怪的恐怕不是德國，而是我們自己吧？為什麼我們從來不問、從來不用問，也從來不用對自己、對孩子解釋為什麼小學念六年？從幼稚園到小學到中學，小孩從這個學校換到那個學校，意義何在？幼稚園的教育和小學教育有不同目標嗎？如果有，那為什麼用的是基本同樣的教法，合理嗎？更嚴重的是，中學教育和小學教育呢？這是一回事，還是兩回事？如果是一回事，幹嘛不乾脆小學就念九年？如果是兩回事，那到底小學是什麼，中學又是什麼？到底從小學到國中的「九年一貫」比較有道理，還是把國中和高中放在一起的六年「完全中學」比較有道理？

在台灣，沒法問啊！因為事實就是，我們的教育不講究合不合理，大家都不在意合不合理。不合理的教育教出不能講理、不懂得如何論理思考的人，於是就不會去思考教育到底合不合理。拿德國為對照，至少我們對出了台灣教育上這樣的惡性循環。

大學和職校不該有高下之分，性向才是重點

對於台灣的家長來說，德國教育最驚人、最不可思議的程序，是小學畢業時的「分流」。德國小學只念四年，四年級念完，畢業前，小學老師會給孩子一個「分流」的評估，建議孩子進入以追求知識為主的學校，還是以學習技能為主的學校。用我們的名稱來說，就是哪些小孩適合繼續升中學，哪些小孩適合去念職業學校。

What a shock！小孩才十歲，老師就決定他未來不能念大學了？更可怕的，甚至沒有考試！沒有一個考試的標準，因為沒有達到標準，所以才

將小孩「刷下來」去念職業學校，光憑老師的主觀判斷，可以就這樣決定孩子的終身？做老師的，怎麼評斷得下去，他要如何寫下：這孩子不適合升學了？他又如何跟家長交代？

所有這些不可思議的感覺，所有這些問題，其實源自於我們自己對教育的看法，正凸顯了德國人在這件事上和我們徹底不同之處。最關鍵，也最簡單的，是德國人真的不覺得念大學比念職業學校了不起。無論從薪資水準上或社會地位上看，念大學和念「職校」都沒有根本的高下差距。同樣念大學的人彼此間的差距，或同樣念「職校」的人彼此間的差距，遠大過於兩種教育間的總體差距。

德國教育，是真正的「二元」教育。他們設計兩條不一樣的路，給兩種不同的教育內容。因為在他們的思考上認定：一個正常的社會，需要相當的抽象知識基礎，也需要實際精巧的技能；還有他們認定：知識和技能有其根本差異，需要有不一樣的教育與養成方式。

真正「二元」，意味著這兩條路，關鍵在「不一樣」，而沒有高下之分。一個德國的老師沒有那樣的道德壓力，覺得建議一個孩子去念「職校」就是貶低他的價值，就是認定他沒有資格去念大學。去餐廳點菜時，侍者建議：「你比較愛吃甜，應該試試我們的巧克力慕斯；他的口味偏酸，不妨點泰式鳳梨炒飯。」你會生氣嗎？你會覺得受挫嗎？

而且老師的建議，真的就是建議，家長可以接受，也可以不接受。更重要的，在中學階段，有很多管道讓兩個系統中的學生可以改變心意，依照對自己的理解，從一個系統跳到另一個系統。

注意，是一個系統跳到另一個系統，不是讓學生可以從「職校」系統「跳回」「升學系統」。用我們的教育語彙，甚至無法描述、形容德國的教育體制，因為我們的語彙內在就是不平等的，就是抬高中學、大學，貶低職校的。從語言中我們就認定，「中學——大學」才是「正途」，沒有能力走這條路，考不上中學、大學的才去念職校。我們完全無法理解德國這種真正的「二元」教育設計。

別再說什麼「多元」了吧！我們的教育哪有資格講什麼「多元」，徹頭徹尾就是「一元」，而且是愈來愈「一元」，連「二元」都做不到，哪來「多元」？真正「多元」的關鍵，在於平等，「多元」系統中存在的各個成員，彼此之間不一樣，有差異，但沒有高下分別。我們的教育絕對是「反多元」的，因為我們什麼都要算分數、排名次，排名次就是取消差異，把不同的東西用一個粗暴的統一標準包起來，硬是「一元」地去評斷。

「一元」的教育體制裡，怎麼可能有真正的「多元入學」？有人將教育的問題歸咎於「多元入學」，提倡要改回原來只有「一元入學」的聯考。恢復聯考有什麼好處？讓這個社會至少誠實，明明是「一元」的，別裝模作樣搞「多元」，明明最後還是只有會考的成績算數，就別勞師動眾去弄出一堆其他有的沒有的。但改回聯考無法解決一個根本的問題，我在意別人不一定在意的問題：「一元」的教育體制可能教出「多元社會」的公民來嗎？沒有「多元」，沒有對於差異的基本認知與尊重，能夠維持自由與民主的社會嗎？

錯不在「多元」，而在「假多元」吧？別說「多元」了，我們有可能從真正、切切實實的「二元」開始做起嗎？能夠建立一套平行存在，有尊嚴、有自我價值的職校教育嗎？

有具思辯力的人才，才有具競爭力的產業

台灣的教育體制嚴重失能，沒有辦法幫助孩子建立自我與自尊，一個沒有自我與自尊的人，也就絕對不懂得如何欣賞和自己不一樣的人，更遑論尊重自己不同意、不欣賞的人。在學校中，不管哪一個層級的學校中，主流多數暴力理所當然存在，稍微不符合主流多數的孩子，都過得很辛苦、很掙扎。再加上社會變遷帶來的家庭結構改變，傳統上家庭、家族能提供的庇護也快速消失，於是在台灣邊緣的、異質的、「不正常」的人，找不到既有、固定的支持，只能一直孤伶伶地飄蕩在社會邊緣，承受歧視、排斥的眼光，而愈來愈邊緣、愈來愈無助（我指的是普遍現象，不是

任何特定個案）。

然而，依照閣揆林全公開的說法，在思考新內閣教育部長人選時，當時的準總統蔡英文首要、甚至唯一的條件是：一定要有產業背景！這意味著要將台灣的教育進一步「產業化」、「職業訓練化」？我還以為一個新的政府，面對一個全新的政治時代，我們能有機會認真檢討、重新規劃台灣教育的理念與方向呢！

蔡總統和林院長真的看不出來，教育不在乎、不重視人文價值與品味，受教育過程中無法學習思考、進行判斷，受了教育卻既不懂得建立自我標準，也不懂得尊重異質他者，我們的社會必須因此付出多高的代價？不會思考、無法獨立判斷的人所組成的社會、所組成的經濟體系，又怎麼可能開創出什麼具有競爭力的產業？

還有，蔡總統和林院長真的看不出來，這樣的教育規劃有多不合理嗎？如果真要以教育來培養產業的生力軍，那麼合理的做法很簡單——恢復、甚至比以前更擴大台灣技職教育的規模，大量縮減大學，縮短大學與技職學校在經費與地位上的差距。要執行這樣的政策，應該要從技職系統中，而不是到台大去找人吧？沒有技職的堅實基礎，卻要把大學推向服務產業，這樣的教育安排，是錯亂的、自找麻煩的吧？

在五二〇就職演說中，新總統許下為年輕人打造新國家的願景，然而，通篇竟然只提到一次教育，帶過教育僵化與現實脫節，如此而已。

唉，以當前教育的實況，我們要如何能創新，要如何能追求不管是普遍的或轉型的正義，要拿什麼人才去進行「新南向」呢？

我們應該給新政府時間，而最需要時間的，是教育。新總統和新內閣還要花多久時間才能看得到教育，才能有勇氣真正將時間與精神花在建構起培育能創新、有正義感、有東西南北向擴散式視野的人才的教育體制呢？

課綱不是課本，是學習的最低門檻

在台灣這樣不思考、不合理的教育體系中，太多事物都無法追究，甚至不堪追究。

例如「課綱」。即使在「課綱」引發社會騷動之際，從教育部長到負責訂「課綱」的委員，到掀起爭議騷動的人，都很少認真、好好地解釋：「課綱」是什麼？為什麼有「課綱」？

如果有機會好好翻閱教育部「教改」原始計畫案的話，你會發現在那裡明明白白留著沒人理會的「課綱」道理。「課綱」是用來取代「課本」的，用意是幫學生從「課本」的知識獨裁中解放出來的重要手段。「課綱」和「課本」有很不一樣的教育邏輯與教育目的。

過去的「課本」和考試緊密結合在一起，學生拚命讀課本，課本之外頂多讀參考書，為了應付考試。而考試的考法，基本上也就是檢驗你對課本內容究竟讀得多熟，來決定給你多少、什麼樣的教育資源，課本讀得、背得愈熟，就可以在教育的梯階上爬得愈高，得到愈多資源。

「課綱」的出現，是站在反對這種課本效應的立場上。「課綱」要訂定的，是每一個科目、每一個階段，學生應該學到的「最低教育內容標準」。一個小孩念完小學，國文「至少」該學到什麼，「至少」應該具備怎樣的數學能力……，這是「課綱」要規定的。

請記得，關鍵在「至少」。換句話說，「課綱」只規定這些內容不管哪個學校、哪個老師來教，都一定得要教，但反過來看，學校、老師可以、也應該不只教「課綱」裡的這些內容，可以、應該教給孩子更多、更多。那「更多」或「更多、更多」，就是由學校、由老師來決定的。如此一方面保障教育「至少」的基本內容，另一方面讓學校、老師有自由教

「不一樣」的內容。

再說一次，這是「至少」，是「低標」，「課綱」管的是門檻。所以很簡單，「課綱」絕對不能多，「課綱」考量的，是中低程度學生以上一定要學到的。配合「課綱」這種精神，而有「基測」，基本學力測驗。「基測」和原來的「聯考」有什麼不同，都是入學考試不是嗎？才怪，大大不同！「聯考」是排序的檢驗，依照學生考試分數，從滿分一路排到零分，每個考生都有一個比別人高或比別人低的位置，依照這個位置決定你去念哪個學校。「基測」是「門檻」，是測驗你是否學會了「課綱」中規定該學到的「至少」的基本內容，只要你通過了這個「門檻」，你就可以按照自己的興趣去選擇自己想念的高中。

這怎麼會一樣？「聯考」是學校選學生，「基測」是學生只要通過「門檻」就能夠去選學校。原來的設計明明是如此天差地別的改變，但現在呢？有誰敢摸著良心說我們真正實踐過「基測」的原有設計？扭曲的現實把「基測」搞成另一種分數排名，另一種學校選擇學生的方式，這明明就沒改，改不了嘛！

也是配合「課綱」，於是有「一綱多本」。原意明明是在「課綱」要求的低標之上，課本裡可以多加不一樣的內容。有的課本會只要加三千字，有的加三十萬字；有的加運算細節，有的給豐富的數學史故事；有的強調社會發展過程，有的增加歷史人物人格典範。「多本」意味著「多元」，有百花齊放編出各種不同課本的自由，連帶也就有了學校、老師去選擇不同課本、不同教法的自由。老師們只要保證讓每個孩子都學到「課綱」、「基測」所要求的基本底線知識，其他的，你們就帶著孩子去飛吧！

這才是「課綱」原本完整的設計，環環配套，理想的教育內容。問題出在，這樣的理想，完全抵不過恐怖的現實。光是找來討論「課綱」、訂「課綱」的各科「專家」就搞不懂「課綱」的精神。接著又有課本出版商人為了利益忽視「課綱」精深的做法，編出了根本除「課綱」內容外，別無其他內容的貧乏課本。最根本的，家長滿腦子想的都是考試，而不是多元知識與教育，於是江河日下，「課綱」、「一綱多本」、「基測」通通變質。變成什麼？變成了手段與目的脱節的、新瓶裝舊酒的課本獨裁、考試掛帥，而且這換裝的「新瓶」還很不適合裝舊酒，多加了使用上的麻煩，成了「擾民的聯考」，比原來醜惡、卻誠實的課本威權、「聯考」定前途的制度，還要更糟。

一切都扭曲了，大家順著如此扭曲的現實大談特談、大吵特吵「課綱」，有意義嗎？「課綱」編得再好，在今天現實的情況下，不仍然是阻礙孩子學習多元知識的兇手？

真正重要的是，無法量化的自我學習和自我表達能力

將近三十年前，我在軍中服役，一邊開始申請美國大學的研究所。在那過程中，我幸運地得到一位老師的建議與協助，使我能在去美國之前，先體會了美國教育和台灣教育天差地別的某些原則，至今難忘。

申請美國大學要考托福，那時候習慣的做法，是在有限的時間中盡量多報名、多考幾次，從中間選擇最好的成績送去。我前後考了兩次，一次六百三十分，一次六百五十分。老師問我托福考得如何，我難免語帶驕傲地回答了。然而老師斬釘截鐵給了我不可思議的建議：「用六百三十分的

去申請，千萬別用六百五十分。」

什麼？老師腦袋昏了嗎，他不知道六百五十分比六百三十分高嗎？老師用他曾經在哈佛大學註冊組打過工的經驗跟我解釋：「托福分數是門檻，過了門檻就好，不需要太高分。」那個時代，美國長春藤大學研究所的主要門檻，低的是五百八十分，不到五百八，大概就不納入考慮了。高的是六百分，超過六百分，就通過形式檢查，進入正式審核階段。而門檻就是門檻，換句話說，審核過程中除非有特殊問題，沒有人會再去看你到底是六百零一分，還是六百五十一分。

會出現什麼樣的特殊問題？遇到亞洲學生，尤其是台灣學生，拚命靠補習拉高托福成績，如果台灣學生托福成績太高了，反而會被貼條子，要另外過一關——專人來比對你寫的自傳和研究計畫，英文程度是否和托福高分相符合。我的老師打工時遇過不少這種案例，托福分數高得嚇人，研究計畫卻寫得結巴不通，於是也就不可能通得過申請了。

老師當時語重心長的感慨，至今使我心痛。他說：「在註冊組打工看到台灣學生的申請案，常常就不自主臉紅。為了那經常不知所云的研究計畫臉紅。台灣學生會來申請哈佛大學的『好學生』，只知道要拚托福和GRE的高分，以為人家會在意你托福或GRE考高了十分、二十分，卻不知道真正關鍵的是研究計畫。量化的分數對人家來說就是門檻，人家要看的，藉以衡量要不要收你的，是有效的推薦信，和言之有物的研究計畫。你的研究計畫如果能夠打動系裡的任何一位教授，讓他覺得你所要研究的題目有趣或有意義，你得到入學許可的機會立即就暴增了。」

台灣的老師不會寫推薦信，寫來的一看就是「通函」，沒有實質內容。更慘的是，台灣的學生不會寫研究計畫，從頭到尾沒有一點自己的看法，顯然也對自己的研究領域缺乏「問題意識」，不知該問什麼問題，沒有問題，如何進行研究？而且，托福考了高分，寫出來的英文卻沒有重點、辭不達意，怎麼可能在頂尖競爭中脫穎而出？

我的老師給我另外一個更驚人的建議，是要我申請學校時都申請博士班。等等，我才大學畢業，當了兩年兵，我沒念過碩士、沒有碩士學位啊！我怎麼有資格申請博士班？老師又耐心地跟我解釋。他知道我當時已經下了決心要走學院的路，夢想要做一個專業的歷史研究者，那就不必然要去念碩士。

在美國，各種不同的學位，是按照不同的教育需求而設計的，沒有人規定念完碩士才能念博士。文科博士學程與學位，就是用來培養、訓練學術人才的，如果我清楚自己要走的路，那就相應選為那條路設計的教育。

誠實說，寄出申請書時，我心中七上八下，沒有一點把握。結果我申請了七所美國大學的博士班，沒有任何一所來要求我該有碩士學位，沒有任何一所因為我沒有碩士學位而拒絕我的申請。

於是，我飛越太平洋，開始攻讀博士。但在台灣，我所做的，變成了「直攻博士」，被視為「跳級」，被當做是值得稱道的成就。過了幾年，我取得博士候選資格後回到台灣，原來的成就，很快轉成了噩夢。

台灣的教育部不承認「博士候選資格」有學位意義，但在這個資格之外，我卻沒有碩士學位，我只有學士畢業證書，於是我就無法符合「碩士

（含）以上」的學歷條件。經過艱難的說明解釋，唯一能有的妥協方式，是要我的研究所出具證明，說「『博士候選資格』等同或高於『碩士學位』」。

所裡祕書接到我的請求，真是傻眼了。我念的是一個由哈佛大學歷史所和東亞所合作成立的博士課程，全名叫「Ph. D. Program in History and East Asian Languages」，這甚至不是一個台灣教育體制中所理解的「研究所」，這個機構和碩士學位一點關係都沒有，在他們的教育制度中，也從來不是用高下來看「碩士」和「博士」的，要怎樣證明「等於或高於碩士學位」？

體諒我的難處，祕書還是給了我那張證明。但那也就是我最後一次為了這種事和這樣的教育部規定打交道。很簡單，以後再有需要「碩士以上」學歷證明需要的，我一概拒絕。而且，容我不客氣地說一句：我還真不覺得那是我的損失。

這麼些年過去了，台灣的教育卻一直都還是一元、線性的，有多少孩子理解了別人有不一樣的教育理念，沒那麼看重你的量化分數？又有多少孩子培養了無法量化的自我學習與自我表達能力？教育在台灣，是用來選擇學生的程序，而不是提供學生選擇的可能。這樣教出來的孩子，甚至被剝奪了用對的方式申請美國頂尖大學的能力，能不讓人遺憾嗎？

給老師獨立教學的自由，才能教出獨立思考的孩子

在《別讓孩子繼續錯過生命這堂課》一書中，我提到了法國的哲學教育傳統。法國的中學生一定要學哲學，從哲學課中學習思考、判斷及如何說明自己的思考邏輯與判斷依據。考大學的時候，他們的高中畢業生必須回答像是：「所有的信仰，都和理性相違嗎？」或「沒有了國家和政府，我們會變得更自由嗎？」這一類的問題。

你不覺得，像後者這樣的題目——「沒有了國家和政府，我們會變得更自由嗎？」正是今天台灣年輕人迫切需要去了解、去思考的？你和國

家之間的關係究竟是什麼？你又如何認知「自由」呢？更進一步，也才能夠討論，這個國家是「台灣」還是「中華民國」會不會影響你和國家之間的關係呢？由誰、用什麼樣的方式管理政府，會如何影響你的自由？

這些問題，有幾個台灣的高中畢業生有能力思考？別說高中畢業生，恐怕問新科立委林昶佐，他都回答不出來吧？和別人的社會比較，在基本思考力上的巨大集體差距，為什麼我們不擔心呢？

我們這個社會擔心的，從來不是孩子會不會思考；看到法國這樣考高中畢業生，我們擔心的卻是：這種題目如何打分數？要怎樣才能在回答這種考題時得到高分？還有出這種題目，要如何防範閱卷老師打分數不公平？

在這裡反映了台灣教育體系裡另外一件可怕的事，那就是我們對待老師的態度。這又是女兒去了德國，對應、對照後給我的深刻感慨。台灣的老師比德國的老師辛苦百倍，台灣老師在這個社會上得到的尊重與信任，卻遠遠不及德國老師。一方面，我們賦予學校、老師很大的責任，認為孩子的學習主要是在學校裡進行，孩子能學到什麼，都是老師要負責教他們的；但另一方面，實際上我們又用各式各樣的方法限縮老師的權力。

在這件事上，德國和我們徹底相反。德國的中學老師，不負責學生的學習，他們的角色，毋寧是學生自我學習過程中的指導與幫手。中學生學到什麼、學了多少，是他們自己的責任，不能賴給學校、賴給老師。學習主要的現場，是學生的自主生活，不是學校，所以不會要將學生長時間留在學校裡，老師同樣也就不必一直待在學校，上無窮無盡的課。

老師責任很少，但相對地，老師得到的權力卻很大。德國的中學也用課本，但女兒上的課，有的一整學期根本沒有翻開過課本。老師有充分的權力決定要用什麼教材教學生。德國的中學也考試，每個老師自己出自己的考題，從來不需要去顧慮別的老師、別的班怎麼考。考試當然也打分數，同樣，德國老師有完全的權力照自己的標準打分數，不用管別的老師用什麼標準打分數。

德國老師打的分數，只對自己的學生，也就是被打分數的人負責。考完試打完成績，老師會在課堂上對同學們解釋，為什麼這樣打分數、為什麼這個人得2，那個人得3。得3的人可以在課堂上和老師討論，主張自己應該得2才對。也許老師就被他說服了，願意將他的分數提高為2。

想想在台灣，我們願意給老師這麼大的信任與權力嗎？相較於德國的老師，我們的老師得到的待遇，多麼沒有尊嚴！整個師生關係的理念源頭，就是不信任任何一個個別老師。老師怎麼可以不教課本內容去教別的？老師怎麼可以自作主張有自己打分數的標準？所有的制度設計，目的在於取消老師的個別性差異，將老師變成一體的、同樣的教學機器，不能和別的老師教得不一樣，不能出和別的老師不一樣的考題，更不能和別的老師改出不一樣的分數來。

可憐啊，被如此對待的老師！更可憐的，我們要如何期待被剝奪了尊嚴、剝奪了個性的老師，能夠教出有尊嚴、有個性的下一代？教育體制先取消了老師獨立思考、獨立教學的空間，又怎麼可能教出能思考、能獨立判斷的下一代呢？

千篇一律的教法，改變不了任何人

出版了《別讓孩子繼續錯過生命這堂課》之後，我去了一趟台北教育大學，對一群學教育的年輕人說話。我特別致歉，雖然我寫的書談的是教育，卻從一開始就沒打算寫給台灣的老師讀。

我知道有很多老師在自己的崗位上盡心努力，有所創新、有所突破，為教育做了很多事。但關鍵在，這一整套教育制度，荒謬地，根本從對老師的不尊重與不信任出發，如此不合理的制度如果不改變，個別老師的努力很難能真正發揮作用。

這套制度最不尊重與不信任老師的地方，就在於徹底剝奪了老師的教學自由。在「公平」的大帽子下，每一個中小學老師都被一套嚴格的教材給綁得死死的，規定他們只能教這些，而且完全不顧他們的自主意願，規定了教學的目標就是——將這些固定、僵化的內容灌輸給孩子。

除了極少數教特殊「資優班」的老師之外，絕大部分的老師沒有權力選擇自己的教材，沒有權力出自己的考題，更沒有權力決定要給學生什麼樣的成績。表面上，成績是老師打的，但實質上裡面能有幾分老師的自主意志？老師只是按照從課本到考題、到一致的標準答案來評分的機器而已，只要他不想當機器，想要給學生不一樣的內容，用不一樣的測驗來給學生不一樣的學習刺激，出沒有標準答案的題目給學生發揮，從學校到家長，甚至到教育行政單位就尖叫「不公平！」「不可以！」，堅決制止他。

這樣的老師，被嚴加看管，取消了自由與自我，請問他們如何可能教出有自我，並懂得珍惜自由的學生？更糟地，這樣被以機器看待的老師，要如何對於教育有熱忱，知道自己想要在教育這個工作上完成什麼？除了當做一個固定領薪水的工作之外，他們要如何在這個工作上找到自我的成就感？

我問那些未來可能會去當老師的年輕人，他們為什麼要當老師？他們心中有什麼樣的典範嗎？想要當個像誰那樣的老師嗎？他們還知道孔子嗎？他們認識孔子是一個什麼樣的老師嗎？

所以我整理出了我認識的孔子，不憚其詳地解釋，從《論語》等史料中看出來的真實的孔子是個什麼樣的人。孔子做為一個老師，最大的特色就在他從來不給學生穿制服，從來不給學生標準答案。同樣的問題，不同學生在不同狀況下問，老師也會給完全不一樣的答案。換句話說，孔子的學生沒有辦法拿老師說的話去考試答題，老師也不會在設定好標準答案的情況下去考學生。和我們的教育現場徹底相反，《論語》中問問題的，幾乎都是學生，老師回答問題。少數老師問問題時，老師問的，都是「何不說說你們的想法」這樣的開放題目。

這種教法，完全符合孔子做為老師的目標。他要做的，是讓學生變成更好、更高貴的人，能夠承擔更大的責任。那是他當老師的熱情所在，為了達到這樣的目標，首先他自己必須知道什麼是更好、更高貴的標準，然後他必須針對不同的學生，找出不同的方法來。他追求的，是改變學生，因為再清楚不過的現實是——千篇一律的教法改變不了任何人。

今天在台灣做老師的，不認識孔子，更沒有機會以真實的孔子為其典範。因為如果他真正被孔子的人格與精神感動，想要像孔子那樣致力於改變他的學生，使他們更好、更高貴，他就一定在這個只要標準教材、標準答案的教育體制裡活不下去了。

我深深同情台灣老師的處境，更深深遺憾孔子以其人格與精神教我的教育理念，在台灣竟然淪喪至斯。

別剝奪下一代為自己而學、享受知識的寶貴機會

我現在在社會上，不時會被冠以「老師」的稱號。我是個「老師」，而且我清楚自己是個什麼樣的老師。十多年前，我就下了一個決心，給自己訂了兩個原則，從那時一路信守——我不教任何「有用」的課程，只教「沒有用」的；還有，我不教父母出錢讓他們來上課的學生，只教出於自我興趣與動機來學的學生。

我的國中同學，交通大學建築所的所長龔書章，當年在實踐大學有過一門「傳奇課程」。他教建築史，他的課堂傳奇之處，就在第一排坐的，

往往都是學校裡的其他老師，第二排呢，坐的是畢了業的校友。他課當然上得很扎實、很精采，所以就連老師都要來聽。有意思的是這些畢了業的校友，幹嘛風塵僕僕趕回學校上課？他們之中很多人當年就有機會修這門課，甚至也都修過這門課啊？

當年做學生時，他們和所有的學生一樣，抱持著一種被迫、應付的態度上課，選擇坐在最靠近門口、離老師最遠的角落，混掉一堂又一堂的時間。他們不知道自己為什麼要上課，他們不是為了自己來上課的，因而他們什麼都聽不進去、什麼都沒學到，一直到畢了業，再也沒有人強迫他們上課，他們才有了真正的動機認真學習，才懂得這課有多好。

不是我現實，而是我不要浪費自己的生命教沒有學習動機的學生。而要確保他們的學習動機，最極端的，就是甚至沒有任何「實用」的連結，斷了他們為了「有用」而勉強自己來上課的念頭。

「沒用」，那為什麼要學？連分數、證書都沒有，學了幹嘛？在台灣，這是理所當然的質疑。因為我們的教育培養出來最堅固的立場，就是為分數而學、為名次而學，為升學而學，終極為求職謀生、升官發財而學。通通都是「為人之學」，從來不曾為自己學，為了享受知識與能力本身而學，為了讓自己成為一個更有知識、更有能力、更有品味、更高貴的人而學。

教育從頭到尾都是用強迫的，拿所有這些外在的目的做為強迫手段。分數、名次、升學、就業，一路恐嚇、一路壓迫，以至到後來讓自己深深相信：如果不用這種強迫手段，沒有孩子會願意學習，他們一定學不到任何東西。

這是個奇怪的詭論。從來不讓孩子為了自己的興趣、喜好去學習，不只不提供他們自主學習的鼓勵與協助，而且還多方阻撓、斥責，然後看到他們視學習為痛苦，於是結論說：看！他們學得那麼痛苦，如果不是被強迫，怎麼可能學得下去？還有，因為要強迫，所以就只能教那些可以化約在分數、名次、升學、就業「有用」領域中的內容，讓孩子徹底失去興趣，然後說：看！他們都沒興趣學，不考試、不逼怎麼行！

只要願意思考，很容易就看出來這是最誇張的倒果為因。然而用這種方式教，教到人都失去了思考的習慣與思考的能力，於是明明不合理的倒果為因竟然也就被許多人奉為真理。他們自己從來不曾享受過知識、學習的樂趣，離開學校就不願再追求知識、再學習，也就自以為是地剝奪了下一代「為了自己」去學習、去享受的寶貴機會。

透過疑問、探討、理解的知識，才能轉化為能力

還記得一度很紅的Yahoo「知識＋」？現在還有人在用嗎？由盛而衰，發生了什麼事？

「知識＋」有著趕上潮流的UGC（User Generated Content）的概念，讓有知識、熱情的網友來替有疑惑、有困擾的網友解答問題，組合成一個類似維基（Wikipedia），卻又比維基更有用的資料庫，或許可以稱之為「客製化的維基」。概念很好，執行上也很有創意，想出了滿足提供解答者虛榮心的評價制度，同時藉此管制回答的基本品質。風靡一時，但很快

地就退燒了，因為沒有辦法控制台灣人問問題的方式，或說，因為台灣人習慣問問題的方式，使得「知識+」聚攏的不再是「知識」。

「知識+」失去了吸引力，因為很快就變質為台灣學生的課輔工具。寫作業、準備考試、溫習課本、做報告時，遇到不懂的，就上網用「知識+」。慢慢地，這個區域中塞滿了和課本、考試相關的問題與解答，進而問問題和回答的方式，也就被台灣教育的習慣給占據了。

台灣教育怎麼教？教很多很多 What，卻很少很少教 Why 或 How。學生需要的，因而都是非常低階的「什麼是？」「是什麼？」的答案。這種答案，坦白說，根本就不是「知識」，只是「資訊」；這種答案，根本不需要人來回答，最容易可以用機器檢索來取代。

「知識+」上的問題，絕大部分其實都可以用簡單的 Google 查詢就解決了。有些學生年紀太小、有些學生太懶，所以才不自己 Google 而跑到「知識+」上去問。但如此低階，隨便就可以 Google 到的答案，誰會有興趣、有熱情去回答？沒有人願意積極回答，「知識+」當然也就沒落了。

從這個現象我們應該可以看得清清楚楚，台灣教育一直到現在，教的是「資訊」而不是「知識」。恐怖的是，在這樣一個資訊科技高度發展的時代，「資訊」還需要教嗎？孩子在學校耗費時間學來、背來的「資訊」，不是大部分在網路上都立即可以查得？

「知識」和「資訊」其中一項根本差別，就在前面提到的 Why、How 與 What。我們的教育一直停留在教小孩「水的沸點是攝氏一百度？」，而不是教他們去想、去了解「為什麼水的沸點是攝氏一百度」？水的沸點是一百度、冰點是零度，怎麼那麼剛好？如果去探究這「剛好」，孩子就會明白自己想錯了，順序是倒過來的，「攝氏」溫度測量法來自於將水的沸點和冰點，均分一百度，這既是 Why，也是 How。從這裡就可以進一步問：那「華氏」呢？「華氏」溫度又怎麼來的？為什麼「華氏」冰點是三十二度？再來，為什麼有「攝氏」又有「華氏」，這兩種系統怎麼來的，如何在不同國家運用？

有 Why、有 How 就能將這些聯繫起來，成為有系統，而且可以朝不同方向廣延的「知識」。「日本殖民統治台灣五十年」這樣的事實，有什麼好教的？孩子隨便都能查得到。孩子需要的，是去探討「為什麼日本人要殖民台灣」，還有「日本人用什麼方法殖民台灣」，一問為什麼和如何，視野就拉開了，拉出不同的相關問題。為什麼是台灣？為什麼是殖民統治，而不是併吞？總督府在日本政治中是個什麼樣的組織？日本人如何看待台灣、想像台灣？為什麼日本國會一度想要放棄台灣，積極想把台灣賣給法國？……

「日本殖民統治台灣五十年」絕對不是歷史「知識」，只是單薄無什意義的「資訊」，得到或沒得到這樣的「資訊」，對孩子能有什麼差別？解釋「為什麼日本人要殖民台灣」「日本人用什麼方法殖民台灣」才是歷史知識，才能讓孩子由此認識人的行為，幫助他們思考人、思考社會。「資訊」是固定的、外在的，和接收的人無關，透過疑問、探討、理解的「知識」才真正是學習者的，能夠改變他的看法、增加他的能力。

當然，也因為「知識」是個人的，由Why和How而來的答案，有著無窮的變化，每個人會有自己好奇探索出的不同面向與不同答案，所以這樣的答案，沒有辦法「公平」、「客觀」地考試。「資訊」有標準答案，「知識」沒有。於是為了方便考試，堅持要有標準答案，我們至今仍然固執地教「資訊」，而不教「知識」，這明明就是讓台灣的孩子活在這個時代，浪費生命一直去學沒有了價值的東西。好奇怪，多少害怕孩子「輸在起跑點」的家長，卻不怕、不關心孩子在這上面輸得一蹋糊塗的情況？

教育怎麼改？很容易啊，不要再教 What 了，改而教如何探索 Why 和 How，每一科都一樣，教「知識」，別教「資訊」。這樣很具體了吧？

別給答案，給有意思的問題

我從來不用PPT，非不能也，不為也，雖然是給自己找麻煩的選擇。

我當然知道PPT多好用，看著PPT講話，自己省事，聽者也省事，而且還能有各式各樣花招，豐富說話的內容。但我不用，因為我讀過美國大記者葛拉威爾（Malcolm Gladwell）在《紐約客》上寫過的深度報導。

稱他「大記者」，是因為不知道還能用什麼別的頭銜。葛拉威爾就是個記者，但他做的事，和我們在台灣熟悉的記者行業，實在差別太大，只好加個「大」字勉強予以區別。

葛拉威爾寫過的諸多影響深遠報導中，有一篇就是關心ＰＰＴ所帶來的變化。當大家都用ＰＰＴ，從會議簡報到課堂到演講，有人說話處就有ＰＰＴ，這樣的時代、這樣的社會，和「前ＰＰＴ」的時代、社會，有什麼根本的差異嗎？

報導過程中，他蒐集了許多資訊、許多意見，還有許多具體的實驗結果，最後他選擇了一個強烈的立場。他原本要報導的是「ＰＰＴ如何改變美國社會？」但真正寫出來的，卻成了「ＰＰＴ如何使得美國變笨？」

看了那麼多資訊、意見、實驗結果後，「大記者」有了他自己的立場，不閃躲、不畏爭議與批評地提出了自己的結論，他相信ＰＰＴ的流行正在讓美國人普遍變笨，這是個恐怖、值得警示的現象。

葛拉威爾的道理、論證提醒了我小心看待ＰＰＴ，不用那麼簡單的工具角度來看ＰＰＴ。我不敢說ＰＰＴ會讓人變笨，但我的確也感受到了ＰＰＴ一些根本的問題。

第一個問題，ＰＰＴ強化了我們原本就不自覺對於視覺的依賴，相對地使人更加無法專注於「聽見」。視覺比聽覺更容易吸引注意，於是在有PPT的場合，很多人就不是真正在「聽」簡報或演講，而是盯著「看」螢幕上的文字或畫面。葛拉威爾報導中引用了相當嚇人的實驗證據，顯示參與在會議或演講中的人，幾天之後能記得的，都是PPT上所寫或展示的，而不是講者真正說了什麼。如果講者說的內容和PPT上寫的不一樣，參與者都先入為主認定他說的，就是PPT上寫的。

第二個問題，PPT最基本的作用，等於是先幫聽者做了筆記，區分出什麼是重點、什麼不是。本來在聽講時，聽者必須一邊聽著，一邊自己做決定，選擇什麼是重要的，記在紙上或心上，因而即使是同樣的一場簡報、演講，不一樣的人會做不一樣的筆記，聽到不一樣的重點，也就是聽者仍然在進行著主動選擇，而不是全然被動接受。

PPT取消了這樣的主動選擇要求。聽者徹底被動看著畫面，被動接受畫面上寫的就是重點。這樣的聽者更不可能專注聽講者在講什麼了，而且一屋子的聽者都依照PPT來決定自己到底聽到了什麼。

葛拉威爾的報導中也引用了實驗證據，證明同樣一場演講，如果不使用ＰＰＴ，事後三天聽者平均能夠記得的內容遠超過使用ＰＰＴ場次的聽者。還有，沒有ＰＰＴ場次的聽眾聽到的內容歧異性，也遠遠超過使用ＰＰＴ場次的聽眾。換句話說，原本為了讓演講效果更好的工具，實質上帶來的是讓現場聽眾不必主動、專注聽講者在說什麼，只要把ＰＰＴ上呈現的摘要記起來就好了。

ＰＰＴ、視覺熱鬧，這是潮流，我當然無力改變，但我至少可以做個人的一點努力——我可以不當幫兇。尤其是在台灣，大部分人在五感中幾乎都只剩下對於視覺的依賴，聽覺遠遠缺乏開發，人們聽不到細膩的聲音，也很難專注用聽覺來吸收任何資訊，我更不願見到更進一步朝視覺傾斜的發展。

讀過葛拉威爾報導後，我就都不用ＰＰＴ了。這意謂著，每一堂課、每一場演講，我只能靠說話的內容來傳達一切，沒有文字、沒有畫面、沒有音樂、沒有動畫。請相信我，這是個辛苦且麻煩的堅持，多增加了上課與演講的難度，但這些年下來，我累積了一點資格可以說：這也是個值得的堅持。

在堅持的過程中，我掌握到了如何讓聽者願意聽下去的關鍵——邀請他們跟著我一起思考，讓他們好奇從這件事要聯繫到什麼樣的其他事上，又要如何連結。一言以蔽之，不要說那麼多 what，而是一直給 why 和 How；不要說那麼多答案，而給有意思的問題，激起好奇心。是的，好奇能夠最有效激發注意力。而主動一起思考的聽眾，是最好的聽眾，也是最能在過程中吸收最多的聽眾。

多年如此的堅持，應該讓我有資格再說一次：台灣的教育教了太多 What，相對不教 Why 或 How。教事實、教標準答案，學生只能被動地接受，必然很難專注；只有從「為什麼」、「如何」的問題出發，才能夠使得學生主動專注，激發他們的好奇心，學會思考、評斷，而不光是背誦答案、人云亦云。

標準答案是思考最大的敵人

有人問我：「『思考』到底是什麼？為什麼我指控台灣的教育使得孩子不會『思考』？」卑之無甚高論，「思考」不過就是「多想一點」的意願與習慣。

我女兒三、四歲的時候，聽到我和她媽媽談話中說到「沒有錢了」，她理所當然地反應：「那去提款機領啊！」我們都笑了，一方面是笑她怎麼會知道可以從提款機裡領出錢來，二方面也是笑：「唉，真是孩子，她以為沒有錢了只要去提款機領，就一定會有錢。」

因為她是個孩子，她看到的、她熟悉的，就是我們每次沒錢了，都去提款機領錢，而且每次都能領到錢。所以她知道的，就是提款機可以領錢。

「思考」不過就是不停留在「去提款機領錢」，而進一步想：「為什麼提款機裡會有錢？為什麼我們可以從提款機裡拿到錢？提款機裡的錢到底是誰的？」這個道理很簡單，然而難的是讓這樣的道理變成習慣。總是不滿意於表面的答案，總是進一步問，要嘛問：「為什麼這樣？」不然就問：「那再來呢？」

不幸的事實是，我們的教育非但不教孩子問：「為什麼這樣」「那再來呢」，甚至建立了徹底僵硬的機制，阻止他們這樣問。這項恐怖的機制，就是永遠都要有標準答案的考試。標準答案是思考最大的敵人。人一旦啟動了思考，就必定呈現差異，必然從不同方向、不同層次去問問題、找答案，也就必然有個人的選擇。為什麼提款機裡可以領錢？這麼簡單的問題，一路問下去，可以牽連出多少相關問題來，願意問到多深、多廣，每個人的好奇與選擇，一定不一樣。

那麻煩就來了，有不同的方向、不同的選擇，就沒辦法考試。或者更關鍵的，就沒辦法統一打分數。因而我們的教育中絕對不能問孩子：「一個人沒有錢了怎麼辦？」讓他們去思考、去探究。有孩子會從技術面去看錢放在哪裡、如何領出來；有孩子會從收入面去看人究竟如何賺到錢；有孩子會從支出面好奇人到底怎麼把錢花掉了；有孩子會從社會公平面好奇為什麼有些人總是有錢，有些人總是沒有錢……。唉，這樣就沒辦法考試了。

所以我們的教育體系中，就永遠都只能停留在要孩子記得，沒有錢了，第一，去提款機領；第二，去銀行櫃檯領；第三，找找抽屜裡有沒有忘掉的零錢……，我們一定要列出標準答案來。沒有標準答案的，就被排除在教育範圍以外，這樣的教育，和思考絕對是徹底相反的！

於是，這種教育教出來的人，面對任何事情，也就都以為可以有簡單的標準答案，固執地認為大家都應該接受這個標準答案，而且拒絕去多想一點，想得更多、更深些。從一個角度看，他們和三、四歲的小孩沒有兩樣，沒錢了就去提款機領嘛，有壞人就趕快把他殺掉嘛！他們拒絕問：「把他殺了，然後呢？」他們拒絕去想：「為什麼把他殺了就能解決問題？」「為什麼會有人跟我們不一樣，能夠對完全無辜的孩子下手？」「如果這種人和我們有完全不一樣的價值觀、生命觀，那為什麼對我們有效的嚇阻手段，也會對他們有效？」「發洩強烈的集體暴力殺人衝動，會讓這個社會更安全，還是更危險？」……。

他們拒絕去想，而且痛罵不接受他們的標準答案的人，但沒辦法，就像不想為什麼提款機會有錢，不會讓人可以永遠能領到錢一樣，不思考、阻止別人思考，無法讓這些根本的問題，就此消失。

美好的社會建基於人民有看清問題全貌的思辨力

「民不畏死，奈何以死懼之？」老子的這句話，點出了一件很簡單的事實——有人怕死，有人不怕死。說得更清楚些，拿死來威嚇，對一些人有用，對另外一些人沒有用。

這麼簡單的事實，卻進不了很多台灣人的腦袋裡，根本的原因，是他們對於人的理解與想像力，太有限了。他們習慣將自己投射為「所有人」，自己怕死，就理所當然相信所有的人都怕死，以為死刑就能嚇阻所有我們不願意看見的行為。

最艱難的，在於人的多樣性，尤其在於人的處境的多樣性。死刑有沒有嚇阻效果？抱歉，不會有、不可能有那麼簡單的是非答案。真的答案永遠都是：對有些人、有些行為有嚇阻效果，對有些人、有些狀態沒有。這也就是為什麼不能衝動地依個案立法的原因，法律必須考慮所有的人、所有的狀況。

還有人記得陳進興嗎？當年陳進興逃亡時為什麼給台灣社會製造了那麼大的恐懼？因為他們三人犯下的案件太嚴重了，嚴重到一定會判死刑，陳進興的兩個同伴又先後在圍捕過程中被警方擊斃了，於是還在逃的陳進興，就進入了一種「奈何以死懼之」的狀態了。最重的刑罰不過就是死，多殺一個人，多殺十個人，都是死刑，於是他的選擇就會是，不惜一路殺人來取得讓自己可以多逃亡一天、多活一天的機會。死刑非但沒有嚇阻他殺人，反而助長他殺了更多人。

還記得台灣「嚴刑峻罰」時代「綁架唯一死刑」的法令嗎？結果呢？仍然有人綁票勒贖，只是唯一死刑使得綁匪沒有了讓肉票活著回去的動機。如果被抓到了，不管肉票是死是活，他都是死刑，如果把肉票殺了，他反而可以降低被抓到的風險。這樣的唯一死刑，製造了多少撕票的悲劇！

多思考一下，如果殺童的兇手不是當場被捕，而是逃亡在外，會怎樣？還會希望訂定「殺童唯一死刑」的法律嗎？如果真的訂了這樣的法律，你不怕嗎？殺一個是死刑，殺兩個、殺三個反正也都是死刑，這種法律實質上讓一個殺人犯後續的殺人行為變得毫無代價，變相鼓勵他殺了一個人之後，就可以不受限制多殺幾個。

法律可以這樣訂嗎？純粹因為現有的偶然條件，不全盤考慮不同情況下的不同後果，這樣的論理竟然會帶給社會安全感？父母站出來要求「殺童唯一死刑」，萬一真的訂了這種法律，你們不擔心下一次有一個殺童兇手流竄在社會上，反正殺一個是死，多殺幾個也是死的情況出現？那時候不會後悔希望法律有什麼辦法讓這樣的人不至於在絕望中濫殺？

鼓勵孩子追求頂峰經驗，並內化為身體一輩子的力量

雖然台灣人喜歡稱他「台灣之光」，但我在王建民身上看到的，卻是很不台灣，很不像台灣人的部分，而且是這部分的特質，支撐著他能夠歷經黑暗谷底，重新回到美國職棒大聯盟場上。

王建民拙於言辭，不曾仔細解釋自己這些年的「心路歷程」，然而在一旁觀察他的人，包括德州農場和現在的皇家隊教練團，是這樣解釋他為什麼堅持不離開美國，不回台灣或轉到日本打棒球——因為他看過最好的，他在洋基隊時經歷了最高等級的棒球體驗，他無法忘懷這個至高的標

準，所以他無論如何不願 settle for less（退而求其次）。

激勵他一直努力，甚至在這個行業的「高齡」階段，仍然鼓足勇氣徹底調整自己的，是這個心中的「至高標準」。那是近乎絕對的一條準繩，和這個運動場上的「至高標準」相比，其他的，包括掌聲與薪水，都沒那麼重要了。他拿自己身體的極限，持續和這個「至高標準」拉鋸抗衡，那是他人生中最有意義的事。這正是最不台灣的部分。

台灣的教育、台灣的主流社會價值，從來不教孩子「自我標準」，更不培養孩子在任何領域中去追求、去體會「至高標準」。我們教他們的，都是「外在標準」，別人如何評價你，給你幾分，給你什麼工作或怎樣的薪水，要他們養成習慣，依照這些「外在標準」調整自己的行為，那才叫「聰明」，那才叫「有前途」。

我們也從來不鼓勵孩子記取、追求任何知識或技能上的頂峰經驗。不是對別人炫耀，而是記在自己的心中、身體裡，成為一輩子的力量。那力量是「品味的執著」、「我知道這件事可以做到這麼好、這麼高，我知道自己曾經接近那個最好、最高的境界，我絕對不願忘掉這個經驗，我會用這個標準來衡量這個世界、衡量我自己，因而有些事我就再也不想做、再也不可能降低標準去做了。」

我多麼希望這一次，別再把王建民看成、講成一般、俗濫的勵志故事。我多麼希望許多台灣的孩子，能夠從王建民身上看到這份不一樣的堅持，好奇追索為什麼他如此看待棒球、看待大聯盟，如此選擇自己曲折跌宕的人生道路，因而有機會碰觸到這種在台灣稀有的生命態度——尊重自己內在「最高標準」傳來的渴望。

另外，我也多麼希望有人能認真地思考皇家隊教練解釋將王建民放入正式名單中所說的理由。他看重王建民的，不只是王建民未來球季中在場上會有怎樣的貢獻，這部分他不確定，但有另一件事卻是確定的，而且從將王建民放入名單時就開始發揮作用的——光是王建民在那裡，什麼話不用說、什麼事不用做，就已經給了隊上所有投手強大的壓力，逼他們更努力、更好。

他們不可能不察覺王建民是個可怕的competitor（對手）。連過去幾年那樣的重重困難都沒有辦法阻止王建民回到大聯盟投手丘上，也就意味著隊上任何投手的任何鬆懈散失，都會是王建民絕對不放過的機會。比球技、比體力，尤其比年紀，他們都可能贏過王建民，但若是要比意志力，他們誰都沒有把握能勝過王建民。

這是何等的智慧！關於人和關於管理的高等智慧。和我們很多人簡單、天真地看場上統計數字不同，一個大聯盟的教練看到的球員價值，有不同的面向、有複雜的團隊作用。這也是一種「至高標準」，一個我們應該努力去理解的層次。

違心之論的作文，只會造就不相信理想的世代

王建民在美國表現不好時，我們誰也幫不上忙；他重回大聯盟有了好的成績，說真的，我們頂多也就只是「沾光」而已。然而相對地，這個社會如何看待王建民，卻和我們每個人都直接有關，因為喜歡或不喜歡，我們就是活在這個社會裡，被這個社會所影響、甚至所控制。

這個社會上就是有很多人堅持王建民留在美國，為的是要混到退休金；有很多人就是要積極去挖出各種新聞資料，證明王建民絕對不可能有什麼高貴的動機。說老實話，對這樣的反應，我一點都不驚訝，只是又一

次地感到悲哀。這就是台灣最強大的主流態度——選擇用最鄙猥的態度看待所有的事情，看不到、不願看到任何稍微高貴一點的人生成分。他們不相信有人真的心中沒有仇恨，他們不相信有人真的堅持追求一些沒有現實利益的目標，他們不相信有人真的不在意錢、不在意地位，他們不相信有人真的抱持著理想。

理由也很簡單，他們不願、不敢擁有理想，他們又不願、不敢承認理想有高貴的、值得敬佩的地方，於是他們就耗費精神、精力，想方設法否定別人的理想，說服自己「沒有人那麼高貴啦」，得到病態的安慰。他們最喜歡用的方法，一種是在所有各種說法裡必定選擇相信那最汙穢、最不堪的，即便那樣的說法經不起常識的考驗。另一種是找到證據可以高聲說：「你看、你看，他做過這樣的事！」用一個人的不完美來否定他的高貴之處，好像一個人只要不是「完人」，身上就不可能有一點值得被肯定、值得被佩服的地方。

病態地，在台灣任何人做了好事，受了肯定，網路上就一定會有人興奮地問：「有某某的八卦嗎？」是啊，如果找到了他的八卦，顯現了他的缺點，就可以不用再肯定他、佩服他，他所做的事，他的成就也就不會再是自己行為上的壓力了？

還有一種更方便的酸法，那就是罵人家「自命清高」，通俗一點的表達法則是語帶諷刺地說：「阿不就好棒棒！」「自命清高」是負面的話，但要否定的，應該是「自命」，而不是「清高」。「清」對應於「濁」，指的是坦蕩蕩的行為，不偷偷摸摸，不貪不求，有什麼不對？「高」對應於「平」，指的是不甘於平庸，擁有高於平庸的自我標準與理想，又有什麼不對？然而在台灣，喜歡拿「自命清高」罵人的，幾乎都是根本否定「清高」的價值。

對於自己做不到的，他們就不相信有別人能做得到。對於自己所欲求的，不管再怎麼鄙猥汙濁，他們堅持別人也一定都想要。他們的眼中，其實沒有別人，他們無法想像這個世界上有跟他們不一樣的人，如果出現了，那就一定是假的。

《莊子・秋水篇》裡的故事：惠施在梁為相，莊子到梁要去見惠子。有人跟惠子說：「莊子來，是要取代你為相。」惠子擔心了，就派人在梁國境內三天三夜大搜莊子的行蹤。他們沒有找到莊子，莊子自己按照計畫來見惠子。見了面後，對惠子說：「南方有一種叫鵷雛的鳥，你知道嗎？這種鳥，從南海起飛，一路飛向北海，沿路只停棲在梧桐木上，只吃竹子的果實，只喝甘美的泉水。在鵷雛飛行的路上，有一隻貓頭鷹撿到了腐爛的老鼠屍體，發現鵷雛從他頭上飛過，就抬起頭來看著鵷雛，威脅地發出：『嚇！』的聲音。唉，現在你就是為了護住你的梁國，而要『嚇！』我嗎？」

台灣多的是「嚇！」「嚇！」叫著的貓頭鷹，他們無法理解，更不願接受這世界上存在著不吃腐爛老鼠的鵷雛。那對他們來說，都是假的，都是「自命清高」，都是「啊不就好棒棒」。

悲哀，這就是台灣教育造出來的社會。這樣的現象，也和教育有關？當然有關。借用我的老友張大春的書《文章自在》來說吧！大春的書關鍵用意在「寫文章，別搞作文」。「文章」和「作文」有什麼不一樣？「文章」是找到方法盡可能地清楚、有效表達自己所想的、所相信的。「作文」呢？「作文」根本不管你想什麼、相信什麼，甚至要用分數獎懲取消你所想的、所相信的。

學「作文」的孩子得到的教育經驗就是：說了自己想的、自己相信的，是沒有用的。老師會告訴你，不該這樣想，要換另一種想法才能得到好一點的分數。更多時候，老師就表白了，想什麼不重要，只要用對的方法拼湊文字就好。

這樣長大的孩子，不只自己沒學會如何想、如何表達，更糟的是，他養成了用「作文」的角度去看別人意見的習慣。「那都是假的啦！那都是說好聽的啦！那都只是『自命清高』的『作文』啦！」他們自己沒有想法，沒有信念，而且他們徹底不信任想法、信念，他們只相信利益和奪取。

沒有看過美好的人，不可能想要追求美好

我女兒和她許多同學一樣，在課本上看到過這樣一張照片，美麗島軍法大審的法庭現場照片，然而，在學校裡從來沒有人跟她解釋過照片的意義，尤其是照片上明顯不太對勁的畫面。

那裡站著一排人，其中有一個表情、神態和其他人都不一樣，他雙手插在口袋裡，臉上帶著輕鬆、愉快的笑容。這不太對勁吧？

我知道、我記得那是怎麼回事。那個人是施明德，所有被告中被起訴罪名最重的一個，然而在那關鍵、肅殺的場合——軍法大審的最終辯論庭，他卻一派輕鬆、愉快。明明在這最終辯論之後，軍法大審就只剩下宣

判了，依照他們被控的罪名，依照審判進行的情況，每一個被告幾乎都有可能被判死刑，施明德為什麼能如此輕鬆、愉快？

他強迫自己要輕鬆、愉快，那是他的自尊，那更是他反抗強權的最後手段。權力者的目的，是要以刑罰、以死亡來威嚇這些挑戰權力的人，要他們因害怕而求饒，因害怕而改變自己的信念。施明德要用他的態度對權力者表示：刑罰、死亡威嚇不了我，你們甚至取消不了我臉上的笑容，更遑論取消我的信念了！

審判中，施明德也堂皇毫不退縮地在法庭上，繼續堅持主張：台灣的前途只能由一千七百萬的台灣人來決定。這與統、獨無關，一千七百萬人也可以決定明天就反攻大陸。那麼為什麼主張台灣前途由台灣人決定，竟然會是「叛亂」的罪狀？

照片的故事還沒有完。拍照的那一刻，最終庭才要開庭，被關在牢裡的施明德還不知道發生了「林宅血案」——林義雄的母親和兩個女兒被神祕的殺手闖入家中殺害了。庭中往來辯論中，周清玉提及了「血案」，施明德再也維持不了原本的冷靜、輕鬆，最終陳述時，他激動地說：「如果判處我死刑可以讓社會免除於發生這樣傷及無辜的悲劇，我請求庭上判我死刑，請判我死刑！」

辯護律師尤清強忍哀傷，用不成聲的話語對庭上請求，請庭上「不要接納被告喪失理智時的陳述意見」。尤清必須如此請求，因為施明德的激動呼喊，很可能使他失去了僅存一點不被判處死刑的機會。

那一天，在那個場合，施明德是高貴的，他的行為比任何人都高貴。他堅持自己的信念，拒絕屈服於強權之下，認定就算能夠奪走他性命的強權都不能奪走他的意志。他願意以自己的生命，衛護他所相信的——人民的基本政治權利，民主與自由。

當他呼喊「請判我死刑」時，他不是在演戲，他沒有任何誇大表演的餘裕，他是真正面臨「二條一」的犯人，高高坐在那裡的法官，真的可以，而且真的會決定判他死刑。

我們每一個現在理所當然擁有民主權利的人，都是施明德的高貴與勇氣的受惠者。但讓我不能理解的，甚至讓我不能原諒的是，為什麼我們的教育不教孩子去體會、去認知這份高貴？

對我來說，教育的目的之一，幾乎是最重要的目的，就是讓孩子能夠離開自己有限的生活環境，看到更美好、更高貴的。沒有看過美好的人，不可能想要追求美好，更不知道自己有可能享受那樣的美好。沒有看過高貴的人，不可能想要追求高貴，更不知道自己有可能變得那麼高貴。

不管施明德後來如何，軍法大審時他就是高貴的。不管這些人參與的政黨後來有怎樣的變化，在那個環境裡，這些人的信念與態度就是高貴的。人可能離開、甚至背叛自己曾經有過的高蹈理想，這卻不應該妨礙我們辨識理想，被理想感動，以及從內心裡建立判斷高貴與理想的標準。

我們的教育內容，從小學到高中，每一個科目攤開來看，十二年中到底教給孩子多少美好、高貴？有多少讓他們可以去建立美好與高貴價值判斷的機會呢？很少吧？少之又少牽涉美好與高貴的課程，從音樂到美術到歷史，都被粗暴地視為不重要。

這樣的教育必然教出心中沒有美好與高貴追求的人們，渾渾噩噩地以為現實就是一切，不在意、也看不起美好與高貴，不是嗎？

不只發現孩子的天分，更要教他們懂得克服和補足自己的缺點

有人問我為什麼談王建民，要扯到台灣教育？是因為我最近出了一本關於台灣教育的書？

我寫了、出版了《別讓孩子繼續錯過生命這堂課：台灣教育的缺與盲》這本書，是事實；然而彼此的因果關係，卻是倒過來的。是因為我到處看到台灣教育所製造出來的問題，還有重重連鎖反應使得一個明明失能的教育體制卻無法改變，所以我才寫了那本書；也才無法自己地、不斷在各種社會事件與現象上，看到和台灣教育的連結。

書裡面沒有寫，但一直在我心中的痛，很多、很多。例如，因為自己的小孩學音樂的關係，十幾年來聽過無數次家長認真的提問：「我的孩子有音樂天分嗎？」這問題被問得愈認真、愈嚴肅，就讓我覺得愈痛。誰有辦法判斷一個孩子有沒有音樂天分？最關鍵的，「音樂天分」是一種單數的存在，可以用「有沒有」來判斷嗎？這可能有是非題式的答案嗎？

沒有一種東西，叫「音樂天分」。要學音樂，要成為一個音樂家，要成為一個舞台上的音樂演奏者，需要的不是某種神祕的「音樂天分」，而是眾多複雜的能力，以不同的形式結合在一起。更麻煩的，這些能力有些彼此相關，而且彼此相反、牴觸。

我女兒曾經要求我盡可能誠實、且嚴格地評判她在音樂領域的條件。我盡可能誠實、且嚴格地告訴她：她幸運地，有很敏銳的耳朵，也有很靈巧的手指。更幸運地，她有一種表演的本能，享受能用音樂去感染別人的經驗。但每一項幸運的「天分」，也就給她帶來反面的問題。她可以很快地在鋼琴上複製出耳朵裡聽到的美好聲音，她就缺乏耐心去追究為什麼這個聲音比那個聲音好聽的道理。她享受表演，於是她就很難關在琴房裡面對自己，反覆琢磨練琴。

她有音樂天分嗎？她有條件走上鋼琴演奏這條路嗎？後面這個問題不可能靠前面一個問題的答案來決定。她需要的是認知自己的缺點，找到方法調整、克服。而她真正最幸運的，是她遇到的老師，她得到的音樂教育不是給她一套標準答案，而是幫助她早早了解自己的狀況，讓她自己嘗試著去克服困難。

願意認真去看德州農場報告的人會發現，他們對王建民最主要的診斷——王建民幸運地擁有強大的手臂，光靠手臂力量，他就能投出大聯盟等級的快速球。但這同時也就是他的致命缺點，他不太需要下肢的協助來投球，所以也就從來沒有學會如何善加利用下肢的力量。

換句話說，他的手臂天分如果沒那麼高，或許他就不會因為下肢缺乏訓練而受傷、而沉淪了。

對我來說，教育的本質，不就是這樣的發掘、建議與協助嗎？每個孩子都不一樣，他們身上有不一樣的能力，教育能做的、該做的，是讓孩子理解自己的能力，同時提醒他們：決定你會成為什麼樣的人，不是任何單一的能力或天分，而是多樣複雜優缺點的組合方式。組合不對了，王建民那樣的超級手臂反而製造了他最大的障礙與災難。

教育是複雜的，因為每個人都不一樣，不能以「人人不一樣」為前提出發的教育，怎麼可能有效？但我們的教育，從小學一直到大學，甚至到研究所，都不重視差異，設計的制度，都是向標準答案看齊，教孩子的不是他自己將來要成為什麼樣的人，而是要他們證明有能力和別人一樣吸收、掌握這套標準答案。

這樣的教育教出無法複雜思考的人。這是最可怕的事。遇到問題，大家的直覺反應就是尋找一個方便的、簡單的標準答案，而且習慣認定一定有標準答案存在。對待孩子，應該最在意了吧？會想讓孩子念音樂的，應該都是很重視教育的家庭了吧？然而根深柢固的習慣，即使是對待這麼重要的事情，這個社會很多人仍然無法複雜思考，仍然急於找到簡單的答案，所以他們會一再急切地問老師：「我的小孩有音樂天分嗎？」往往老師也就配合地給簡單的答案：「啊，他很有天分啊！」

這樣的對話，正因為如此普遍，格外令我痛心、令我擔心。

從公民立場，而非自家小孩的利益思考，教育才可能改變

英文裡有一個詞，叫 cheap shots，指的是方便、廉價的評論意見，為什麼是「廉價的」？因為根本可以不動腦筋，不用管別人的看法究竟為何，就拿來攻擊。

最廉價的 cheap shots 就是攻擊人家的意見「不完整」、「不周全」。廢話，再有道理的意見也有長短篇幅限制，也有表達重點的考量，誰能講出真正「完整」、「周全」的意見呢？這種 cheap shots 尤其常見的表現形式是「都只看到缺點，沒有提優點」或「有像你講的那麼糟嗎？」

最廉價的 cheap shots 也包括了攻擊人家「只批評、不提具體做法」。喜歡使用這類 cheap shots 的人，往往自己從來不曾認真思考什麼叫批評，也不知道如何講道理，提出批評意見，所以自以為是地想像「批評」和「具體做法」或「具體改革」是兩件事，想像別人的意見裡就應該用大標題分出來「這是批評」、「這是具體改革方案」。

認真的、負責的批評，最重要的就是要有批評的道理、評斷的標準。用這樣的道理、標準評斷，發現這件事不合理、不符合標準，所以形成批評，那麼不也就同時表示主張的「做法」了嗎？讓事情合理、讓事情變得符合標準，是批評中必然具備的「做法」主張與提議。

在台灣，為什麼經常 cheap shots 滿天飛，而不自知其為「廉價」？根源恐怕又要回溯到我們可怕的國文和作文教育吧？國文課不教孩子辨認文章中說理的邏輯，不教他們如何辨識說理的高下好壞；作文課不教孩子理清自己腦袋裡想要表達的意念，不教他們如何講道理、如何說服別人，結果整個社會的邏輯思辨能力當然提升不起來。

在一個威權的社會裡，強人領導者是唯一可以有思想的人，其他人愈不思考愈好，愈不思考就愈會是乖乖服從領導者。然而，在一個非威權的民主社會裡，社會的好壞，不得不取決於這個社會裡有多少人在認真思考、具備思考的習慣和思考的能力。絕對不會有百分之百成員都思考、都會思考的社會，然而，有二〇%成員不斷思考的社會，就是和只有一%成員願意思考、能夠思考的社會大不相同。而且，前者必定比後者好得多。

我們在台灣建立了一個民主社會，並經常因此而自喜與自豪。然而，在這樣的社會裡，我們的教育卻繼續依循原來威權的典範，一直不斷教出不思考、不會思考的學生。教育體制明明教出適合威權社會的學生，我們能不擔心這個社會因此而走回威權的老路上？

台灣教育怎麼改？改得合理，設計出對的手段，培養民主社會需要的會思考成員。要能這樣改，先要有人願意改變觀念、改變態度，明確地厭惡、揚棄目前這種以考試、分數畸形扭曲教育成果的制度，願意隨時說道理，表達反對現況的理由。當其他家長不思不考，迷信分數、名次時，願意表達不同看法；當老師理所當然用考試、分數浪費孩子生命時，願意表達不同意；反過來，當老師費心讓孩子能夠尋找自我、培養思考與自我學習能力時，願意給予鼓勵與支持。

台灣教育怎麼改？要有人願意從公民立場，而不是自家小孩利益的立場，思考教育的公平性，從公平性立場明確反對任何傷害弱勢孩子受教權的做法，即便那樣的做法符合自己小孩的利益，都應該要能看到、衡量社會全面的利弊得失。

還有，至少別動不動丟來另一種 cheap shots，說這樣的改革「太理想化」、「違背人性」。沒有理想，就沒有權利追求更好的社會；而人類文明創造出的所有美好，本來就是以抑制人性中的許多醜惡為出發點。別拿「人性」當藉口，人之所以為人，之所以和動物不一樣，正就在擁有理想，能在現實之外想像更美好、更合理的情境，能夠克服自己的部分「人性」。

不合理的教育只會培養出犬儒心態的人民

雖然沒有發生，在我眼前卻歷歷可以想像看到，如果留在台灣，女兒國三那一年，會過著什麼樣的日子。

除了每天考試、考試、考試之外，依照我對她的了解，她一定每天怒氣沖沖地去學校，又怒氣沖沖地回家。討厭考試之外，她還有另外一件過不去的事，她受不了，覺得受騙。我幾乎可以看到她每天放學時，用冒火的眼光看著我，問：「為什麼可以這樣？」

為什麼大人可以這樣：明明說「十二年國教」是「免試升學」，卻讓他們這第一屆的「十二年國教」學生，在學校裡一直考試，一直考試，而且公然地把「基測」換成「會考」，明明就還是考？

我感到極度的心疼，不是為了自己的女兒，畢竟她在國三之前去了德國，離開了這樣的環境，而是為了我相信有許多和我女兒一樣性情的孩子。他們沒有那麼容易接受，在他們的生活中大人公然說一套、做一套，在他們面前毫不掩飾自己的虛偽。

我感到極度的心疼，也有極度的憤慨：為什麼我們會有這樣的教育制度，讓孩子必須這麼早就面對如此的道德挫折？還有究竟我們期待在這種環境裡長大的孩子，如何選擇、如何建立自己的道德意識？

這種環境，擺在他們眼前只有兩種選擇。如果他要維持相信人的表裡如一，相信人應該誠實、應該為自己說的話負責，不可以閃爍欺瞞，那麼他就會如我女兒一樣，面對「免試升學」的無盡考試，天天憤怒不已，進而受不了、看不起虛偽大人所建構起的台灣社會。要不然他就得早早學會聳聳肩，世故地接受這一切，對自己說，甚至對同學說：「現實就是這樣，不然你要怎樣？」

不管是兩種選擇的哪一種，對嗎？好嗎？兩種選擇都必然在他心中種下「犬儒」的種子，使他再也不相信這個社會可以有原則、有公義，甚至使他再也不相信這個社會應該有原則、有公義。

我真的不懂，為什麼沒有那麼多人在意不合理的教育所帶來的集體道德風險。讓小孩長期暴露在不真誠、無法自圓其說的教育環境裡，不要求他們真的懂，更不期待他們真的相信，只要他們記得、背下來，能夠應付考試、應付作文就好。如此教出來的小孩將會長成怎樣的大人？又會組成怎樣的社會？沒人擔心嗎？

台灣社會上有那麼多「酸民」，令人意外嗎？媒體上名嘴們公然說著不合邏輯、沒有常識的話，卻可以一直不斷有人看、有人聽，令人意外嗎？這不就是「犬儒」態度的反映嗎？唉呀，反正天下烏鴉一般黑，所有事情都一樣骯髒，所有人都一樣現實——台灣社會不就充滿了這種態度，以至於任何比較認真的討論都很難進行嗎？

很悲哀地，這些不正就是一套不誠實、不合理，說一套、做一套的教育制度教出來的嗎？

我看到劉炯朗先生出的新書，苦口婆心討論公民教育應該教什麼。劉先生書中彰示的，我都同意，但看書時我忍不住感慨，但就算我們有再好、再理想的公民教育內容，將這樣的內容放置在目前的環境裡，孩子每天生活在說要打破名校迷思，卻又拚命保留名校；說要解決考試壓力，卻又只在意設計各種考試的狀況下，他們能相信這些公民理念，能長成一個像樣的、有原則、有道德信念的公民嗎？

建立公民社會，得從教會孩子不從自我利益的角度看事情

台灣有公民課，卻沒有真正的公民教育。公民教育的主軸，在於「公民意識」，也就是區分「個人」與「公民」，了解「公民」身分究竟有什麼特殊之處。

最近因為政黨輪替的關係，「轉型正義」又成了社會關注焦點。容我以曾經教過我、給我強烈思想影響的哲學家羅爾斯（John Rawls）的觀念，聯繫、解釋「正義」與「公民」。

羅爾斯給了「正義」一個簡單而有力的操作說明。「正義」意謂著不

因人的身分、地位、立場而改變的根本公平原則，要確保我們所思考、所設計的符合「正義」條件，最容易的檢驗是「無知之幕」，也就是我們不知道幕打開之後自己會在哪個位子上，得到怎樣的待遇。

說明「無知之幕」最好的例子是：如果有一對結婚二十年的夫妻要離婚，如何可以將二十年來累積、糾結的財產「平分」？那麼複雜，甚至無法單純以金錢計算其價值的財產，如何盡可能公平地分成兩份？最好的方式是：由其中一個人來分，然後由另外一個人先選。這就是「無知之幕」的作用，如果是由丈夫來分，他不知道分出來的兩份，將來哪一份是他的，因為太太有權利先選，太太選完的那一份才是他的。要是分出來的兩份，一份大，一份小，那麼太太當然就會把大的那份先選走。為了確保自己不會遭致損失，丈夫就只能不斷反覆考量，使兩份盡量平等，不管哪一份留下來，自己都不至於遺憾痛悔。

「無知之幕」的作用，同時也能夠最有效解釋為什麼需要政黨輪替，為什麼一個政黨不該長期執政。長期執政意謂著這個政黨會一直從執政的利益上來立法，故意壓抑反對黨，在法律上形成高度不平衡。政黨輪替將每個政黨放到了「無知之幕」後面，不能理所當然增加執政優勢、打壓反對黨，別忘了，一旦政黨輪替，執政黨變成反對黨，他們現在設計來打壓別人的措施，就通通成了砸自己腳、讓自己沒辦法好好走路的大石頭了。

「轉型正義」不能只在意「轉型」，還是要符合「正義」的標準。也就是不能、不應該依據現有的政治勢力現實來立法、來規劃，而要想到：有一天，現在的執政黨自己變成反對黨時，你願意接受同樣的法律約束與處置嗎？如果是，那才叫「正義」，不然，那就只是對付政敵、壓制對手的工具，只是報復清算，與「正義」無關。

同樣地，「公民意識」的關鍵，也在離開了自己目前、當下的身分、處境，學習如何不從自我利益的角度看事情，轉而退在「無知之幕」後，以整個社會的考量來形成是非。

做為個人，我今天是老闆，我就希望降低工資，讓我能多賺一點；反過來，我今天是勞工，我就希望薪資高、放假多，讓我過得輕鬆一點。開車時希望摩托車別擋路；騎摩托車時希望騎樓到處都方便停車；騎自行車時希望每條路都有專用道。然而，要讓一個社會能真正有效運作，所有人都該試著從「公民」的角度看事情。我有可能是老闆，也有可能是勞工，在「無知之幕」後面，我會如何選擇、如何決策？「在無知之幕」後面，不知道自己會開車、騎摩托車或自行車，那我該支持怎樣的交通安排？

台灣有「公民意識」嗎？台灣大部分的人都理直氣壯覺得從自我利益出發就是對的吧？在台灣的教育過程中，孩子哪有什麼機會被指引去從「公民」的角度認識這個社會、思考這個社會？尤有甚者，整個教育體制根本就在教孩子自私，永遠從自我利益出發去做選擇吧？關心自己的分數、關心自己的名次是不是比別人高，從來不想為什麼考試，考試究竟要考什麼，只管依照考試的規則努力爭取高分。就算有團體活動，大部分活動終究要扯上競爭比賽，區分出「我們」和「他們」，在「我們」內部團結，但遇到了「他們」就要想辦法爭取「我們」自己的成績與利益。

這樣的教育環境，如何教出「公民意識」？更何況回到家裡，孩子所面對的家長，也都只關心自己小孩能不能在這個體制中得到優勢，從來不關心由整體角度看，這樣的體制究竟合不合理。

這又是一個惡性循環，教育中不教「公民意識」，人們嚴重缺乏「公民視野」，看待教育時只在意自家小孩的好處與利益，於是就更不可能對於教育進行改革，將真正的公民教育與「公民意識」放進教育體制裡了！

缺乏集體「公民意識」為基礎，我還真不知道這樣的「公民社會」能維持多久、能走多遠？

穩固的民主建立在成熟的公民與法律教育上

真正的問題是：在台灣還有那麼多人理所當然認為「法律就是保護好人、懲罰壞人的」，卻不了解這樣的說法和現代公民社會的法律原則、精神，相去多遠。法律的重點是訂定一套公平的程序，對待所有人都一樣的程序，來確認一個人做了什麼事，應該受到怎樣的懲罰。

關鍵重點在「對待所有人都一樣」。法律女神象徵性地蒙上了雙眼，意味著她不認人，她不能去看眼前對待的是什麼人而影響她的天秤衡量，這「不認人」，也包括我們認定的「好人」、「壞人」。

法律不能對「好人」、「壞人」差別看待，因為「好人」、「壞人」是主觀的。我們總是以為自己認定的「壞人」就一定是「壞人」，法律不能這樣，法律必須保障每一個人都不會任意被當做「壞人」、任意懲罰。如果法律可以看到「壞人」就抓起來、就殺掉，這樣的法律多可怕！你不必擔心有一天，這樣的法律權力不巧剛好認定你是「壞人」，就把你抓起來，就把你殺掉嗎？

連帶的問題是：在台灣，我們往往不了解，要建立一個「免於恐懼的社會」有多困難！當我們面對一項恐懼，急於擺脫這項恐懼，我們就不去考慮解決這項恐懼的方式本身，可能帶來其他的恐懼。法律可以立即懲罰，可以奪取人的生命，進行威嚇，這樣的法律也就可能被用來對付你我，在別的方面威嚇我們不敢做其他事情。

承認吧！我們活在一個沒有理性公民教育、沒有像樣法律教育的社會，這件事情本身使我們無法「免於恐懼」。人們心中沒有法律公平性的概念，不了解法律「程序正義」的根本道理，堅持前現代的恐嚇性法律效果，只求發洩眼前情緒，從不考量全面法律原則，這樣的社會只有 rule by law 沒有 rule of law，真是可怕。

即便是美國那樣的老牌民主國家，稍微在公民教育與法律教育上鬆懈了幾年，也就會出現川普那種恐怖的政客。再不認真建立起我們的公民教育與法律教育，任由社會上大部分的人嚴重欠缺公民意識與法律常識，台灣這樣淺根的公民社會與民主政治，很容易就傾頹瓦解了。這是我心中更大、更深的恐懼。

讀「書」，而不只是文章，才能建立完整的表述能力

三十年前我在報社打工時，一篇兩千字的文章，叫做「邊欄」；不到兩千字、千把字的文章，叫做「補白」。現在我放在臉書上的文字，字數大約都在「補白」和「邊欄」之間，但在網路上，卻已經不折不扣在「文長慎入」的範圍了。

「文長慎入」的意思其實比較接近「文長勿入」，那麼長誰看得完？還好我活得夠久，不會那麼容易就認定寫得長是寫作者的問題，比較大的問題，應該還是這個社會整體失去了讀長文章、寫長文章的能力吧？

大家以為三言兩語才是正常的，也只願意讀三言兩語的片段。然而，三言兩語不能有轉折的敍事；三言兩語不可能傳遞細膩的心情；三言兩語更不可能論理。滿眼望去都是三言兩語，這個社會當然不講理，當然不重視論理。

千把字文章都嫌長，沒有耐心讀完，這樣的習慣連帶就產生了眾多廉價的「戰文」。典型的「戰文」很容易寫，不用去管別人論理的邏輯，只要抓住其中一句話，三言兩語大喊：「錯了！」「你不懂！」「連這個都不懂也敢寫！」還有更方便、更便宜的，完全不用和邏輯扯上任何關係，直接進行最無聊的人身攻擊：「你根本沒去過日本！」「你根本沒看過NBA！」我的老天啊！有這麼多人憑藉著寫這種「戰文」來支撐自己的自尊心，這是個什麼樣的奇怪社會？

別說「網路世代就是這樣」，別那麼容易就全賴給網路。整個社會失去了基本文字閱讀能力，我們的國文教育也要負很大的責任吧！國文教育的目的是什麼？是教會孩子如何懂得運用中文，藉由中文吸收資訊、自我表達、與人溝通，是吧？但我們使用的工具、手段是什麼？是課本，是考試。課本裡選了一堆「範文」，基本上都是短文，加上生字、注釋、作者資料、文義解說，而考試就考這些課本內容。所以我們的學生到底學到了什麼？他們只學到了課本內容，沒有學到「國文」能力啊！

這就很像訓練船員駕船，教他船上每一種儀器是什麼、怎麼用，要他反覆練習熟悉這些儀器，而且反覆考他儀器名稱、使用程序，但始終沒有讓他將船開出去航海！這樣訓練出來的船員，叫做會駕船航海了嗎？

課本是工具，是階段，只是要讓孩子熟悉這套文字的運用規律，真正的關鍵在他學到了之後，拿去接觸、閱讀廣大的中文報章與書籍。但在台灣不講究目的與手段合理關係的教育中，竟然硬生生地用學課本的時間搶奪、占據了學生去讀書的機會，徹底本末倒置。每個學生有不同的興趣，國文課應該是幫他做好準備，給他能利用中文去吸收他自己有興趣的種種資訊、知識與享受，但我們做的，卻是用國文課、國文考試限制他們去吸收！

在英文裡，有「課外活動」的語詞，以前在美國時，我套用「課外活動」胡翻「課外讀物」，我的美國同學完全聽不懂。對我們來說如此理所當然的「課外讀物」，他們無從理解。因為他們的英文課，從來都不是讀課本的。他們的英文課，就是讀各式各樣的書建構起來的，他們無法了解課本有那麼重要，要以課本為中心，將其他的書因而稱為「課外讀物」。對他們來說，那就是「課內」，甚至那就是英文課程本身。

他們的英文沒有學得比較差。在閱讀各種不同書籍，很多時候還是自主選擇的書籍過程中，他們還同時擴展了視野，吸收了許多知識。更重要的，他們讀的是一本一本的書，不是一篇一篇的短文，要能成書，那裡面就有轉折的敍事、細膩的心情、完整的論理。

為什麼堅持用選擇範文的方式編課本，以課本為主體教國文？

這不過就是不思、不考延續既有的方式，還有，不過就是為了配合考試，讓考試方便，卻因此而付出讓孩子沒有辦法在學校真正打下中文能力基礎的代價？

進而使得這整個社會大部分的人無法用中文表達轉折的敍事、細膩的心情和完整的論理，面對千把字的文章就沒有耐心，也沒有能力吸收其內容，自己下筆就只能寫三言兩語的發洩？這不是本末倒置，是什麼？

有音樂和美學素養的人，才可能組成美好的社會

這幾十年來，台灣從來沒有過像樣的音樂教育。聽到稍微複雜一點的音樂，許多人遇到的問題根本不是「聽不懂」，而是「聽不見」。接觸音樂時，只能聽見歌曲，聽見歌曲中的歌詞、歌詞旋律的變化，除此之外，就都聽不到了。聽不到和聲、聽不到調性變化、聽不出來前段音樂和後段音樂之間的關係、聽不出來音高挪移、聽不出來樂器組合對應、聽不出來樂句與樂句間的細微變化。

這些都聽不到，怎麼聽音樂？怎麼能從沒有歌詞的音樂中得到感動？而我們受教育的目的，不應該就是期待在幾年的時間中，打下能力

基礎，讓我們能對於這個世界上最美好的事物，有了吸收與享受的機會嗎？

從我努力介紹音樂的經驗中，我真的確信沒有人的聽力不足以清楚分辨、聽見巴哈的三聲部賦格曲，將三條平行、平等的旋律聽清楚，進而理解、思考三條旋律之間的關係。不，問題不是出在我們的耳朵，問題在從來沒有人在我們成長時幫忙我們開發這樣的聽力，讓我們能夠聽見最複雜、最美好的聲音。

這種事最糟糕之處，在於你從來聽不到、領會不到，也就從來不知道、不會遺憾自己到底承受了多大的損失。你覺得沒有音樂也活得好好的，你覺得活在噪音環境裡一樣活得好好的。不曾體會過美，也就不會遺憾美的闕如，不會想要避開醜陋，還理直氣壯地表示：「這哪裡醜了！」

這樣設想吧！從小學到國中畢業，有九年時間，每週有一個小時的音樂課，如果不要把這些時間弄成可有可無的「唱遊」，如果可以用心設計訓練孩子最敏銳的聽覺，有系統地從音高、音量、節拍、音色、方向一一教起，然後培養孩子了解音樂形成的道理，從物理的音頻到大小調，再到人為的結構設計，讓他們聽見不同樂器的聲音，聽見器樂乃至人聲如何混和形成音樂，最終讓他們聽到有秩序的美好音樂，因而能夠分辨聲音的品質，受不了噪音、受不了粗製濫造的音樂。那麼，這個社會，我們所生活的環境，會產生什麼樣的變化？

這難嗎？這不可能嗎？九年，每週一小時，夠教太多、太多內容了！關鍵在：為什麼我們中小學的音樂課，什麼都沒教？幾乎沒有人從音樂課上學到任何有意義的知識或能力？稍微有點音樂知識、能力的人，要嘛來自自身天分，要嘛是在課堂外學樂器演奏中得來的。這不是浪費是什麼？

這個社會欠所有的人基本的音樂課。這個社會也欠所有的人基本的美術課。這個社會更欠所有人基本的身體課程。光說這三樣就好了，這意味著這個社會絕大部分人沒有機會好好開發自己的聽覺，缺乏聽覺上的品味。這社會絕大部分的人也沒有機會好好開發自己的視覺和身體自覺，無從評斷什麼好看、什麼不好看，也無從知覺自己的身體動作怎樣好看、怎樣不好看。

不管喜不喜歡，這就是事實。聽不出音樂好壞的人，缺乏視覺美術分辨能力的人，還有，從不接觸舞蹈動作之美的人，這樣的人組成的社會，可能是個美好的社會嗎？

可惡的是，大可不必如此。只要我們的教育體系正常些、有良心些，不要不合理地忽略與文化品味有關的項目，給大家對的音樂課、美術課、舞蹈身體課，讓美學品味深留在每個人心中，狀況就會大大不同。如此不像樣、不稱職的教育存在那麼多年，大家都還繼續容忍、接受，唉，為什麼？

讓旅行不只是獵奇，而是美感與文化的學習之旅

今年三月，我們一家又去了一次日本京都。選擇那個時間，一方面是配合女兒放假，另一方面也是為了避開櫻花季恐怖的觀光客人潮。

去到京都發現即便是花開前一、兩週，理論上的淡季，街上都還那麼多來來往往的觀光客；更意外的，走來走去經常就遇到說國語或說閩南語的台灣人。台灣人真愛京都啊，連這種時刻都那麼多人有空在京都遊晃。

我們去了平安神宮，入門的廣場簡直就被台灣人占據了，穿過廣場的一路上，聽到台灣人說話的聲音，遠多過聽到日語。到了庭園的入口處，

情況改變了，那裡空蕩蕩的，幾乎沒有人。讓我一則竊喜，一則感慨。竊喜是庭園裡人跡鮮少，極度安靜，可以完整地享受庭園之美，不受干擾。感慨的是，這意味著那麼多台灣人到了平安神宮，卻不進庭園？如果不進庭園，那到平安神宮幹嘛？平安神宮最美、最有價值的，不就是庭園嗎？

好好享受走了一圈庭園，出來時，像是刻意安排好似的，遠遠就聽到一個台灣人在回答我的疑問，她理直氣壯地用我沒辦法不聽到的口氣說：「也沒有花，也沒有葉，花那個錢進庭院幹什麼？」

從人數比例上來看，顯然她的意見很有代表性。為什麼不進庭園，因為一般台灣人只會欣賞一種美——那就是奇景奇觀（spectacles）。櫻花盛開是奇景，值得看；楓葉變紅是奇景，值得看。當然以此類推，玻璃高跟鞋教堂也是奇景，所以也值得看、值得驕傲。

類似的現象一再出現在我們的京都之旅中。嵐山的竹林路上擠滿了台灣觀光客，要走得過去，得用國語說「借過」，而不是說日語。然而在竹林路盡頭，那麼漂亮別致優雅的「大河內山莊」，沒有任何台灣人要進去。東山的「花燈路」點燈了，又是好多台灣人走來走去，卻絕大部分都過「高台寺」而不入，顯然也就不曾體會寺內池塘點燈夜景中的絕世魅影。

去旅行只找奇景，只求和奇景拍照，是台灣人內化的美感觀念，也是使得旅行如此可惜的主因。京都為什麼是京都，正因為京都的美無所不在，如果願意，你可以和京都的環境發生多少細密、感動的關係。源自殘缺的美學教育，台灣人殘缺的美感硬生生地將京都化約為幾個「奇景」，就是去那裡沾醬油式地和幾個「奇景」拍拍照，然後就沒了。如此簡化京都，當然不是京都的損失，損失的，是自以為這樣就叫做去過京都的台灣人。

沒有櫻花、沒有楓葉的平安神宮庭園，仍然有著諸多細緻之美，那是小川治兵衛的傑作。從平安神宮出來，大約十五分鐘步程外，有另一個小川治兵衛的作品，「無鄰菴」的庭園。「無鄰菴」是山縣有朋的別邸，一九〇四年，明治時代重臣聚集在這裡，開會決定了對俄羅斯開戰，同一天也就在這裡對外宣布了這個驚人的消息。日本近代史的關鍵之一，「日俄戰爭」不折不扣從這裡開始。「無鄰菴」多年來維持很低的「拜觀料金」，四百圓日幣，日幣大貶後漲了價，漲成四百一十圓，漲了等於沒漲。顯然沒有太多經費可用，「無鄰菴」的庭園右半邊維持得很好，但左半邊卻呈半荒廢狀態。站在那裡，因而可以有另一種享受——清清楚楚看出小川治兵衛的用意，如何將原本像左半邊那樣的地貌、地景，改造成右半邊的優美庭園。那是再美好不過的現場日本庭園課。

還有一種更深刻、更豐富的庭園課。我們先去了円山公園，那裡對著大垂櫻的一片庭園景色，原先也是小川治兵衛設計的。然後去平安神宮，再去「無鄰菴」，這樣就連續感受了這位治園大師的三件作品，而且是很不一樣的三件作品。平安神宮庭園是為天皇、為極少數貴族設計的，現在仍然完整保留其高貴面貌。「無鄰菴」是為國之重臣所設計的，規模和華麗程度都低得多，卻也因此而能有一種平安神宮庭園不會有的自在與灑脫，而「無鄰菴」目前保存狀態，比平安神宮也差了一級。

但還是比円山公園好。做為一個開放式的公園，這裡的庭園無可避免大大走樣了，和小川治兵衛原本的設計，有了很大的落差。看完「無鄰菴」，我們重訪円山公園，站在庭園小小的石橋上，我心中有很深的感動，我不只看到了眼前走樣了的庭園，我覺得我可以藉由平安神宮和「無鄰菴」的設計，想像還原當時小川治兵衛所追求的庭園樣貌。我可以感受到他的夢想，他要將原本只有天皇、貴族、重臣能夠享受的庭園之美，搬到円山公園，讓所有的京都市民都能擁有、都能體會。

我希望讓女兒也能如此和這些庭園產生關係，能夠感受到在這些景物之後，有著小川治兵衛跨越時代、跨越文化而來的高貴理想精神，與超逸的設計能力。我希望她以這種方式認識京都，從京都學到高貴的標準，不只是去景點拍照打卡，不只是用看奇景的心情去追櫻花和楓葉。

有自我的人，才能對生活有熱情，對更好的社會有想像

我最近一次見到馬英九總統，是主持二〇一六年「台北國際書展」開幕典禮時。典禮中馬先生致詞後有一小段過場，工作人員要將講台移開，讓台上空間可以進行接下來「書展大獎」的頒獎儀式。頒獎的，還是馬先生，沒有理由讓他先下台立刻又上台，最好的方法是他留在台上，我簡單問他一個問題，他簡單回答一下，換場時間就過去了。

典禮中，文化部洪部長致詞時特別提到馬先生很支持「台北國際書展」，總統任內八年間，年年都來參加。順著這話，我簡單地問馬先生：

「那明年呢？明年還來嗎？」我以為我的用意再清楚不過，我也覺得這問題的答案，再明白不過。如果是我，我一定會說：「當然來啊，我來書展不是因為我是總統，而是因為我喜歡書，不當總統更願意來！」

但馬先生不是這樣回答的，他看著我，帶點撒嬌的樣子，說：「你邀我，我就來。」我只能很尷尬地回應：「我們當然會邀請你，期待你年年都來。」

電光火石之際，我內心嘆了一口氣，先是想：「馬先生，你也太誠實了吧！」繼而想，是的，這就是為什麼我眼前這個人，就我對他的認識，真的不是個壞人，竟然能在八年的任期中，使得自己和他的黨，淪喪如斯。

馬英九最大的問題是，他對書沒有興趣，對書展沒有興趣，他到書展來開幕，包括到書展會場買書，都是在盡義務，都是他自認的總統職務上的一部分。他致詞的內容，提的都是數字，加上重彈「正體字／繁體字」的老調，沒有一句話是從愛書人、讀書人的角度出發的。年年逛書展攤位，都是拿著一張準備好的書單照著買書，從來沒有真正好奇看看攤上有什麼值得翻翻的書。

他在意什麼是他該做的，卻從來搞不清楚什麼是他自己想做的。從好處看，他是個有責任感的人，願意盡責，當社會上形成了他應該出來選台北市長的氣氛時，他終於打破了自己原本的說法，參選挑戰陳水扁。如果書展主辦單位發函邀請他再度來致詞或參加什麼儀式，他一定會來。因為對他來說，書展本來就是儀式，他應該盡責參加的儀式。

但從壞的一面看，在他眼中也就只有儀式，只有別人幫他安排該走的行程、該做的事，他沒有自我，沒有自己要追求的目標，也沒有自己的標準。他是個台灣教育教出來的典型好學生，以為人生最重要的，就是把別人交付的功課做好。但馬先生，你的自我呢？你自己真的想要什麼？你真的相信什麼？還有，你自己如何判斷怎樣的社會比較好？

馬先生之所以近乎病態地依賴數字，也來自教育體系中的分數主義。任何比數字來得複雜些的評斷方式，都不被信任；任何不能化約為數字的論理，都被視為太主觀、太不可靠。他內心沒有是非信仰，所以只能始終依賴外在的、別人給的標準來衡量、來決定自己該做什麼。

這次見到馬先生，我強烈地感覺到他整個人好像縮水了。我深深相信孟子說的「集義養氣」，一個人身上讓人覺得有「氣」，整個人「有型」，來自於自信，尤其是來自於相信自己走在對的道路上，一直在做對的事情所產生的自信。這是我所理解的「集義」。要能「集義養氣」，一個人首先得要有自我，要有自我信念與自我標準。

但不幸的是，台灣的教育制度不教「自我」，甚至倒過來拚命抹殺「自我」。馬先生是我們選出的第二個沒有「自我」的「好學生總統」了。不管在其他方面看起來如何天差地別，馬英九和陳水扁在這點上完全一樣。他們都是沒有生活的人，他們都是沒有興趣的人，他們都是活在他人標準下，努力迎合他人標準的人。他們從來不知道自己喜歡什麼，享受什麼，要追求什麼，他們對任何事物都沒有真正的、發自內心的喜好與熱情，於是他們也就都不可能靠著真切的熱情感動這個社會、領導這個社會。

陳水扁和馬英九各自八年任期中，兩人都從來無法想像什麼是更好的社會、更好的生活、更好的享受，我們又如何期待他們能認真努力地使得台灣成為一個更好的社會，創造更好的生活，讓每個人在生活中得到更好的享受呢？

文化為什麼重要？因為文化就是關於所有這些「更好」的想像力。這兩位總統，唉，也都是「沒有文化的好學生」，因為教育不重視文化，因為文化不考試，他們都不知道文化是什麼。經過了十六年，我們可以開始明白文化的重要性了嗎？我們可以開始要求掌握權力的人要有點生活、有點文化了嗎？

真正享受、喜歡文化、藝術的人，才可能尊重、珍惜台灣文化

幾年前，盛治仁受邀入閣擔任文建會主委，我視治仁為老友，所以私下極誠實地勸他婉拒，後來，他接任了，我也不得不從媒體公共角色，公開對這樣的人事任命表達了無法認同的批評。

我私下對盛治仁說的話，和公開在電台新聞評論中說的話，完全一樣。正因為我認識盛治仁，我很清楚他在政治學領域研究與教學的認真態度，介入媒體後也有一定的專業成就，但另一方面我也知道：基本上他不讀閒書，對文學、歷史、哲學、藝術都沒有興趣，他幾乎不看電影，他

從來不聽音樂會，不看戲劇或舞蹈表演，應該也不曾主動看過任何視覺展覽。

他沒有文化經驗，而且他從來沒有建立過對於文化的興趣與享受，這樣的人，要如何去做「文化建設委員會」的主委？這不是能力的問題，是更根本知不知道 who's who，what's what 的問題。最嚴重的兩個考驗，我們無法期待這樣的主委人選能夠通得過。第一，你如何判斷在你主管的文化事務範圍內，誰是可信的？誰說的話有道理？第二，更難的，你如何判斷文化事務上，什麼是比較好的，什麼是比較值得用公家資源來支持的？

前者牽涉到行政判斷，後者則是品味判斷。再聰明、再有能力的人，不可能在短時間內，從工作上去建立這兩種判斷。而缺乏任何一種判斷，在這個職務上，都有可能釀造政治災難。很不幸地，後來使得盛治仁倉皇下台的「夢想家事件」，似乎就是兩種判斷失準產生的結果，我的老友不至於貪污舞弊，但他信任錯了人，還有，他弄不清楚表演藝術該有的藝術成就。

一年多前，人稱「倪桑」的倪重華剛發布接任台北市文化局長，我就在華山創意園區與他錯身而過。當時他正要進 Legacy 去聽演唱會，而我則走另一個方向，要去「光點」看小津安二郎的經典老片《彼岸花》。當下我有個衝動，想把這位也認識了二十年的老友從 Legacy 門口拉過來，叫他跟我一起去看《彼岸花》。不是因為我缺伴，而是從公共事務的角度，一個將要當文化局長的人，不應該把有限的時間花在他已經很熟很熟的流行音樂活動上，他應該將所有的時間用在過去他不那麼熟悉的藝術文化領域上，好好準備自己。

文化部、文化局的工作核心，就是和文化人溝通、打交道。而文化、藝術最特別、最精采、最有價值之處，就在於創造出了不一樣的表達方式。要能做好文化行政工作，沒辦法，一定得要熟悉，並尊重不同的文化藝術語彙及其精神，不然就會發生雞同鴨講的情況。

我讓那個念頭閃過，沒有真正去拉「倪桑」。沒想到，後來竟就是在與「非商業電影」這個領域的對話、溝通上，「倪桑」狠狠跌了一跤。

準閣揆林全公開說，在選擇閣員上有幾個領域他不了解，其中就包括了文化。如果下一任的文化部長尚未確定的話，我願意從我的經驗提供一個極其簡單而基本的檢驗標準。請可能的文化部長人選，誠實地回顧，過去三年內，她（他）讀過哪些書，逛過哪些書店，看過什麼戲劇演出和舞蹈演出，聽過什麼音樂會，又看過哪些電影？

這樣的一張清單，可以讓我們明白看出一件最關鍵的事——這個人喜歡文化、藝術嗎？她（他）能享受文化、藝術嗎？真正喜歡並享受文化、藝術的人，才有可能尊重，並珍惜台灣文化、藝術的成就，在工作上想辦法以手上的公共資源來支持，並保存這些成就。還有，她（他）才能夠有一種文化、藝術的品味標準，真正知道什麼是好的、是難得的，對應、對照什麼是譁眾取寵的、低級趣味的，也才有可能做出對的文化決策來。還有，內心真正有文化、藝術標準的人，才能抵擋非文化、非藝術力量的騷擾打擊。

我們要一個從生活上和文化、藝術有關的人來當文化部長，一個可以證明自己喜愛文化、藝術，而不是只拿文化、藝術活動當應酬、當儀式的人來做文化部長，這樣的要求，不過分吧？

拜託，誠實看看自己的生活，如果過去三年內除了工作、應酬、儀式，從來沒有參加過文化、藝術活動的人，就別為了一個「部長」的虛名去當文化部長吧！硬是當上了，天天面對你不懂、你無法理解的文化藝術語言和標準，也很累吧！

教育不只影響你的孩子，也決定我們活在什麼樣的社會

《別讓孩子繼續錯過生命這堂課》書中，我部分記錄了女兒從台灣轉到德國求學的經驗，引來了兩個誤解，使我不得不說明。容我再說一次：我從來不覺得這個世界上有完美的教育體制，德國教育有其長處，當然也就會有其缺點。但德國教育的某些長處，卻最適合拿來對應燭照台灣教育的嚴重問題，我從頭到尾關心的，不是德國教育，而是台灣的教育。

還有，我從來不相信，更不可能主張，將孩子送出國去念書，會是最好的解決辦法。我盡可能忠實地描述女兒在德國的辛苦掙扎，就是希望提

醒一部分的家長：別拿「送出國」當自欺欺人的逃避，就算有能力、有餘裕可以將孩子「送出國」，那都不是解決問題的萬靈丹。

這裡藏著一個非常普遍的盲點，會想將孩子「送出國」的家長，往往都對台灣的教育有了一定的看法，通常是失望的看法，強烈的動機是讓孩子離開台灣教育體制，有著這樣的心理，這種家長常常會理所當然認定「送出國」去的教育環境就一定比較好，不會、甚至不願意真正去探索、理解那究竟是一種什麼環境。因為先入為主的美化，他們也就不會認真地、誠實地面對孩子進到那樣的教育環境中，會受到什麼樣的負面衝擊。

去美國念書，不是先把英文準備好就好了。還有，美國教育對美國孩子會有的效果，不必然就能產生在台灣孩子的身上。在台灣受教育，孩子是在群體中，做為群體的一分子成長，絕大部分的狀態與問題，都和群體裡的其他人一樣。但到美國或其他外國去受教育，孩子就是特殊的個人，沒有人能預見、能有把握他會遇到怎樣的挑戰、怎樣的困難。

我真正要說的，努力要指出的，是檢討我們怎麼會弄出這樣的痛苦局面來？一邊是台灣的教育體制，讓孩子在這個體制裡注定一定要浪費生命，成長學習最好的時光，卻逼他們只能學那麼少。準備考「會考」的國三孩子，回頭看看，自己這一年來大概沒多學什麼吧？一整年的時間都耗在複習課本，準備考試，三年學那麼幾本破課本內容，不浪費嗎？如果可以不被課本內容限制，本來十二歲到十五歲的光陰，可以學多少知識或技能啊！

另一邊，想要擺脫台灣教育這種浪費，少數家庭選擇讓孩子到國外受教育。這選擇不必然比較好。這選擇給孩子較大的空間，但也就意味著高度的不確定性。同樣在學習成長的黃金時間中，這樣的孩子必須多耗費許多心力去適應環境、面對孤獨與隔絕，還沒有把握一定適應得過來，一定能找出和那個陌生社會平和相處的方法。

這不是二選一，這是兩種困境的煎熬。選擇留在台灣的，扭曲地矇起眼來不要看到孩子在浪費生命，逼迫自己不要想、不要知道如果不這樣做，孩子原本能多學多少、發展多少。選擇「送出去」的，就不扭曲嗎？

不也是扭曲地矇起眼來假裝看不到孩子必須經歷的痛苦，不要去想孩子將長成什麼樣的人的諸多恐怖不確定變數，而且還不敢誠實地研究孩子去的那個社會如何對待像他這樣的外來學生。

為什麼？為什麼不存在一個最簡單、最正常的選擇——孩子可以在自己的社會裡，受到基本的家庭與群體保護，找到自己內在的天分，依照自己的能力培養知識與技能？

為什麼他要嘛被這個教育體制取消自我，要嘛就得離開這個社會，被取消公民的身分與權利？為什麼不存在一個最簡單、最正常的選擇——孩子可以在教育過程中學會如何成為一個公民，具備基本的公民意識，長大後依照他的知識與技能投入構建這個社會？

我們不正常，真的，極度不正常。我努力想做的，不過就是讓稍微多一點人願意承認：是，我們不正常，極度不正常。別再躲在各種自欺的機制中，想像反正我的孩子考試可以考得不錯，或我們家有足夠條件送孩子出國，就覺得這樣的不正常不干我的事，是可以被忍耐的。

容我再說一次，教育不只影響你的孩子，教育決定了這些人長大之後組成一個什麼樣的社會，而我們都活在這樣的社會裡。

孩子成長中最迫切需要的，是認識世界有多大，意識到人的多樣性

台灣教育體制不正常，那麼我們就不要把小孩送到學校，自己教，這樣可以解決問題吧？

抱歉，我無法支持「自學」，因為孩子需要同學、需要朋友，尤其最重要的，需要不是家長幫他挑選的朋友。我自己的女兒在台灣上學，最大的收穫在交朋友；要離開台灣時，她最捨不得的，是朋友；在德國奮鬥掙扎時，她最痛苦的，是德語障礙使她無法像在台灣那樣交朋友；她終於感覺在德國熬過來了，看見洞口的光，也是因為她有了朋友。

對的學校環境，讓孩子遇到各種不同的人，和自己有很不一樣家庭背景的其他孩子。不在我們教學安排中，但實際上每天、每小時孩子都在學的，是如何認識別人，進而選擇和別人有什麼樣的關係。還好，這些是老師管不了的，這些是不可能拿來考試的，所以他們可以真真切切地學到。

交朋友牽涉到自己和他人，那是認識自己和估量別人的複雜過程。交朋友是有風險的，充滿了各種情緒的起起落落，各種猜測思量與苦惱。但這卻是台灣不正常教育現場能夠提供給孩子最好的教育機會，自主地和同學互動，自主地經歷互動間的所有考驗，決定和誰當朋友，當怎樣的朋友；決定和誰絕交，和誰保持冷淡關係。

這是「自學」無法提供的。即使台灣的教育體制如此令我困擾，我從來不敢想要自己教。對我來說，孩子成長中最迫切需要的，是認識這個世界有多大，意識到人的多樣性，打開好奇張望的眼睛。一個家庭、家庭的網絡，甚至某種組織團體，都不夠大，因為那裡面都是家長熟悉、家長選擇過的，應該用我們的選擇、我們的視野來限制孩子嗎？把孩子關在我們自己熟悉的人際關係、我們熟悉的道路上，不只是孩子受了限制，另外一項損失是，孩子也就不會在成長過程中從外面帶回我們陌生的刺激，相對地讓我們開眼界、讓我們成長。

讓孩子在一個我們全都控制好的環境裡長大，絕對不是好事。熱切地幫孩子選擇朋友，用我們的價值、觀念去判斷哪個是「好孩子」，哪個是「壞孩子」，只會傷害、取消了孩子培養自主理解與判斷的機會。朋友的意義，就在於這個人身上有一些他自己沒有、甚至無法明瞭的特性，因而可以幫他擴展人生的可能性。身邊都繞著同樣背景的人，孩子要如何真實地了解人？真實的人間，就是「一樣米飼百樣人」，孩子能夠愈早探測不一樣人的不同想法、態度，對他愈好，不是嗎？

有人教孩子如何應付考試，做為解決辦法；有人把孩子送出國，做為解決辦法；有人選擇「自學」，做為解決辦法。這是很正常的家長反應，但可不可以在尋找自家孩子解決辦法時，分出一點注意力，關心這個體制？不只想著如何讓自己的孩子好，而能夠看到這個體制的根本問題也需要解決。

在「晴耕雨讀小書院」的新書分享會上，在座有抱著看起來應該出生才幾個月嬰孩的父母。我很誠實對他們說：我書中寫的問題，不是針對在座朋友家裡的學童，甚至可能連還抱在懷裡的初生嬰兒都不適用。我要說的，是根深柢固的問題，是需要很長、很長時間才有可能改變的大問題。然而，面對教育，我們真正最需要的，是有一些人願意不從『和我們家小孩有什麼關係』、『如何影響我們家小孩』的角度來關心。教育會弄到這麼不正常，一部分原因也就是做家長的總理所當然只看自家小孩遭遇，只找自家小孩的出路。但真的，沒有那麼便宜的。教育體制不徹底地合理化，我們自以為找到的解決，都不過是自我安慰，都遠遠不可能發揮原本一個正常的教育體制能給予的正面作用。

咬著牙，下個決心吧！就算我的孩子注定來不及獲得一個正常教育體制的培養，我們都還是該有志氣地努力，替未來在台灣出現正常教育體制盡一份心啊！

附錄《Baby Home》專訪——楊照

我從孩子身上學到的，就是「尊重」有多難

採訪整理：張詩華

假如就讀國中的女兒，回家後向你抱怨明明是「免試升學」，學校卻不停考試，你會如何回應？假如你的女兒，就讀音樂班，有時卻說「我不想練琴」，你又會如何回應？知名作家楊照的女兒，才不過十六、七歲的年紀，不但進入了德國漢諾威音樂院就讀，並且還榮獲全德音樂大賽第一名的殊榮。然而楊照回想這一切，原來讓女兒走上音樂這條路，一開始純屬偶然。

有些父母若是看到孩子學習音樂後相當投入，往往會擔心未來孩子的發展，因為音樂路在臺灣，似乎不是一條容易闖出名堂、賴以為生的路。不過楊照的擔憂，卻不是基於這個原因。

楊照說：「我掙扎的是，我不希望女兒走上這條路，只是『剛好』，因為她只知道這條路。我認為做父母的責任，就是必須要讓孩子知道這個世界有多大，這個世界上有三百條、三千條路可以選擇，她才有機會知道哪一條路是真正想要的。我很怕一種家長，也是最不負責任的一種：嘴上雖然說讓孩子選擇，但是卻說這個世界上我認為最好的，就是這一條路。這就封閉了孩子去接觸其他的東西，只讓他有一、二、三條選擇，那麼這樣意義何在？」

為了讓女兒釐清自己的志向，楊照說，這段過程說起來簡單，可是這箇中辛苦，甚至折磨，只有當事人才能體會。「第一是我必須逼迫她，給她壓力——不是透過讓她練更多的琴，而是要她自己想清楚跟音樂間的關係是什麼。第二，尊重她自己想要什麼。講都很容易，但其實這是 live it，或 live with it。」

楊照解釋，這站在爸爸的立場是很痛苦的，「簡單的方法是，每天就應該練琴三小時，也不用問為什麼。或者拜託老師給一份課表，前二十分鐘練什麼、接著練什麼……，但是這樣就很可怕了，她永遠都不會有機會知道，自己為什麼要練琴。」

看到李其叡在台上的演出，會讓人驚嘆這居然只是個十幾歲的孩子，她全然投入的神情、享受指尖音樂流動而展現的情感，都不是可以「練」得來的；這從來不是靠著父母硬逼來的演出。

「有時候她會問我：『今天要不要練琴？』我說：『你問我幹嘛啊？這是妳的事情。』或者她練一練會說：『我今天不想練了。』我只有一句話：『那你知道為什麼妳不想練了？』可是這些都是值得的，因為這樣她才會了解，有一種叫做『自己去練琴』的方法，她從來沒有從我們這裡聽到『練四小時一定比三小時好、練八小時一定比四小時好』的概念，所以她也早早摸索出自己到底該如何練琴，每一個階段，都有不一樣的練琴方式。」

把人生的選擇權交還給女兒，楊照在看待女兒走上音樂路的眼光，就與其他家長不同，楊照說：「她現在有三分一的生活，是接近職業演奏者的生活，可是直到現在，她還是不太敢跟別人說自己練琴幾個小時。常常在表演的場合，都會有家長直接把李其叡抓住，問她：『妳現在一天到底練琴幾個小時？』她非常、非常困擾，甚至問我：『我到底該怎麼回答？』我說，妳就說實話啊，『我真的能說實話嗎？我告訴他們我一天練兩、三個小時，沒有人相信。』而且，更痛苦的是，人家還會覺得她好假喔。」女兒如今有這般成就，楊照當然為女兒感到驕傲，在自己的臉書上也樂於分享女兒的演出資訊，可是楊照在意的，從來就不是「練琴幾個小時」這樣的問題。

楊照分享，「從孩子身上學到最重要的一件事，就是讓我了解人與人之間什麼叫做『尊重』，以及尊重有多難。尤其是當你面對的是『孩子』，這個世界給你那麼大的權力，讓我們可以不用尊重孩子。你不尊重小孩，沒有任何人會懲罰你，甚至有很多的聲音，在贊成、支持你；倒過來，一個孩子不尊重你，他是會被懲罰的；因此在這個不平等的權力關係當中，學會尊重，這不是孩子的課題，而是大人的課題。」

因此楊照認為，他在教養上最大的困擾，其實是來自於「我們的教育不尊重孩子」。

女兒升上國中後，儘管也是音樂班，卻仍有逃不了的考試。「有天她受不了，回家對我發洩，她知道她也只能跟爸爸發洩：『你們大人怎麼可以這樣？明明每天都在說要怎麼考試，為什麼這叫做「免試升學」？」

楊照面對女兒提出的疑問，他說：「這也是讓我很難過的一件事情，為什麼我們這個社會不能多花一點點力氣，很誠實、坦白地面對許多自己的口號，不再把這當做一個『口號』？例如，我們教育的目的到底是什麼？要不然怎麼教小孩？否則，最後我們教出來的孩子，十幾歲的時候就開始看不起大人，認為『大人都是這麼一回事』，十幾歲的時候，就開始不相信這個社會上所有好聽的東西，認為所有好聽的東西都是假的，都是騙人的。」

後來楊照的女兒到德國學習音樂，也是為了替自己在音樂上面爭取更多的空間，不再受到現行體制的框架。楊照回想自己的父親，向來也是對他的選擇沒有干涉，他感激父親過去的教育方式，如今，他也期望自己能給女兒最大的空間去選擇所愛，追求理想。

楊照愛閱讀，又是知名作家，不過女兒李其叡在台灣時卻不喜歡國文課、作文課，楊照甚至拍胸脯地說，李其叡這輩子應該沒有感受到「別人要她閱讀」的壓力。反倒是到了德國，過去這大半年有更好的閱讀胃口。

楊照說：「如果父母自己不愛閱讀，是沒有辦法強迫孩子喜歡閱讀，就算父母愛閱讀，孩子也不見得會喜歡；我就是一個很好的例子。」

楊照認為，重點在於「閱讀」本身與人之間的關係，「閱讀的關鍵在於，我讀了書之後，變成什麼?我也反對形式上的閱讀，絕對不鼓勵孩子追求『大量閱讀』的競賽，每年讀兩百本書，又如何？」

楊照以自己與女兒為例，「她開始對閱讀感到熱情，應該是這一、兩年吧，因為她開始有了清楚的動機。」楊照的女兒不滿十七歲就上了大學（德國漢諾威音樂院），上了大學之後，想要維持自己的中文的能力，因此便請楊照每兩週選一本書給她看。「因此每次去看她，皮箱裡要裝什麼書給她好呢？這慢慢就變成了一個趣味；因為你要知道這時候，她困擾的是什麼。」

楊照談及從一開始替女兒選的書，到後來討論書籍內容，又發展出第二本選書，甚至也出現了「星際大戰」系列電影，再接下來是漫畫《千面女郎》……，有些書很難，女兒不見得完全看得懂，「可是她會從中發現她有興趣的地方，就會有一樣東西打動她。其實這就是閱讀的樂趣，因為我們會發現現在人生中最有興趣的事情、最好奇的事情，都可以在書裡面找到，能夠滿足自己的好奇，或是擴充我們的視野。必須要為自己閱讀，才能閱讀下去。」

最後我們也好奇，與女兒感情相當好的楊照，會不會擔心女兒在國外談了戀愛？楊照用電影《間諜橋》中的台詞反問：「Would it help? 我擔心有用嗎？」楊照說，這是每個人年少時必經的過程，任何人想要插手，只會造成當事人的困擾。「未來如果她需要我，我永遠都在。」

KARACHI

KARACHI

CUG0043

勇敢地為孩子改變：給台灣家長的一封長信

作者—楊照
主編—黃安妮
封面設計—蔡南昇
內頁設計—蔡南昇、李宜芝
責任企劃—張燕宜、石瑷寧
董事長
總經理—趙政岷
總編輯—余宜芳
出版者—時報文化出版企業股份有限公司
10803台北市和平西路三段二四〇號三樓
發行專線—（〇二）二三〇六六八四二
讀者服務專線—〇八〇〇二三一七〇五
（〇二）二三〇四七一〇三
讀者服務傳真—（〇二）二三〇四六八五八
郵撥—一九三四四七二四時報文化出版公司
信箱—台北郵政七九～九九信箱
時報悅讀網—http://www.readingtimes.com.tw
電子郵箱—history@readingtimes.com.tw
時報出版臉書—http://www.facebook.com/readingtimes.fans
法律顧問—理律法律事務所 陳長文律師、李念祖律師
印刷—盈昌印刷有限公司
初版一刷—二〇一六年七月二十九日
定價—新台幣二八〇元

國家圖書館出版品預行編目資料

勇敢地為孩子改變：給臺灣家長的一封長信 / 楊照著.
-- 初版. -- 臺北市：時報文化, 2016.07
面； 公分. -- (生活教養；CUG0043)

ISBN 978-957-13-6711-8(平裝)

1. 臺灣教育 2. 文集

520.933 105011081

Printed in Taiwan
ISBN 978-957-13-6711-8